Pour une mise en œuvre rapide et maîtrisée

Chez le même éditeur

Jean-Christophe Berlot & José-Luis Bustamante, *Être acheteur pour la première fois*

Karen Berman & John Knight, *Comprendre la finance, pour les non-financiers et les étudiants*

Ken Blanchard et Sheldon Bowles, *Un indien dans l'entreprise : Donnez un nouveau souffle à votre équipe*

Michel Boulaire, *Redresser rapidement une entreprise*

Mireille Fesser & Arnaud Pellissier-Tanon, *Les hauts potentiels*

Carly Fiorina, *J'ai pris des décisions difficiles : L'ex-PDG de Hewlett-Packard raconte*

Robert Kaplan & David Norton, *L'alignement stratégique : Créer des synergies par le tableau de bord prospectif*

Steven Sample, *Cultiver son leadership*

James Teboul, *Le management des services*

Arnaud Tonnelé, *Équipes autonomes*

Jean-Christophe Berlot
José-Luis Bustamante
Jean-Marie Hours

PROJETS TRANSVERSAUX

Pour une mise en œuvre rapide et maîtrisée

De la stratégie au terrain

EYROLLES

Éditions d'Organisation

Éditions d'Organisation
Groupe Eyrolles
61, bd Saint-Germain
75240 Paris Cedex 05

www.editions-organisation.com
www.editions-eyrolles.com

ISBN : 978-2-212-54095-6

Table des matières

Deuxième partie
DE LEUR RÊVE À LA RÉALITÉ, 7 CLÉS DE MISE EN ŒUVRE

Troisième partie
LA NÉCESSAIRE COHÉRENCE
DE LA POSTURE PERSONNELLE

Introduction

Vous êtes responsable de projet, expert, chef d'équipe, directeur opérationnel ou fonctionnel, directeur général ou président. Vous avez en tête une stratégie, un projet, une ambition pour votre entité. Vous vous demandez comment vous allez la mettre en œuvre dans un temps maîtrisé et de manière durable.

Selon l'adage, vous avez cent jours pour réussir. Cent jours pour que « cela se voie ». Vous le savez bien, une dynamique ne se décrète pas. Il faut expliquer sans cesse, convaincre, entraîner, mesurer, incarner soi-même. Vous avez la pression du marché et des objectifs ; l'injonction de vos chefs et de vos actionnaires, leurs peurs, leurs doutes, leurs ambitions ; les craintes et les contraintes des collaborateurs ; les jalousies de ceux qui voudraient être « califes à la place du calife ». Et puis, surtout, il y a la force de rappel permanente du quotidien : « Pendant les travaux la vente continue ».

La nécessité de ce livre s'appuie sur un double constat :

❖ les managers, les responsables d'équipes ou de projets, les dirigeants actuels vivent sous une pression de plus en plus forte sur les résultats, l'efficacité, les délais ;

❖ ils savent généralement où ils veulent aller, ils sont rarement mis en difficulté sur leur stratégie ; ils sont beaucoup plus critiqués, en revanche, sur leur rapidité d'exécution et de mise en œuvre.

Depuis des décennies, les « gourous » de l'entreprise travaillent sur les méthodes stratégiques, sur la définition intelligente des cibles. D'apparence moins noble, l'exécution est généralement laissée pour compte, à l'initiative de chacun, comme un parent pauvre de la science. Alors que la réussite est à « 95 % dans l'exécution ».

Les méthodes, les techniques pour sécuriser une mise en œuvre existent. Nous sommes nombreux à les avoir testées ici ou là, quelques-uns à les avoir éprouvées en profondeur. Tout prouve qu'on les méconnaît généralement, depuis les difficultés du pouvoir politique à réformer notre pays (« les Français ne changent pas facilement »), jusqu'aux tonnes d'antidépresseurs et d'anxiolytiques qu'on y consomme chaque année.

Ce livre est fait pour vous, chefs d'équipes, responsables de projets, directeurs opérationnels ou fonctionnels, dirigeants en situation de devoir atteindre vos objectifs en mettant en mouvement vos équipes et... celles des autres. À vous qui avez des idées à déployer rapidement, avec des moyens limités et sans faire de dégâts.

Il vous propose les repères et les méthodes nécessaires à une mise en œuvre rapide et efficace, c'est-à-dire maîtrisée et sécurisée en délai et en qualité.

Nous l'avons conçu comme nous aurions aimé le trouver nous-mêmes. Il vous propose une triple lecture :

❖ des messages clés, présentés à la place du titre de chaque paragraphe ;

❖ des cas réels et concrets, où chacun pourra se reconnaître, pour introduire et ancrer les méthodes ;

❖ les méthodes et les techniques, qui traitent aussi bien du savoir-faire que du « savoir-être » de celui qui met en œuvre.

Nous procéderons en trois étapes, qui structurent les trois parties du livre.

1. La préparation, où il s'agit de faire émerger ce qui fera sens pour les équipes et pourra les mobiliser, et de structurer la mise en œuvre.

2. La mise en œuvre elle-même, d'autant plus efficace qu'elle obéit à sept « clés » de réussite ; certaines sont bien connues, d'autres beaucoup moins.

3. La cohérence de posture de celui qui met en œuvre. Les éléments de bon sens que nous rappelons sont loin de prévaloir partout. Ils sont pourtant déterminants, et chacun de nous est maître des signes qu'il émet. Ce sera la clé de voûte du livre.

À l'issue de votre lecture – telle est notre promesse et notre engagement – vous aurez en main les mécanismes d'une mise en œuvre rapide de votre vision, réussie, quasiment indolore, perceptible et durable.

Vous aurez également trouvé ici, au-delà de la mise en œuvre spécifique qui vous préoccupe au moment où vous ouvrez ces pages, de nouvelles pistes de performance pour votre entité ou votre projet. À quoi sert en effet une théorie de la mise en œuvre, si ce n'est pour entreprendre mieux et davantage ?

Première partie

FAITES-LES RÊVER ! TOUT SE JOUE EN AMONT

Une mise en œuvre réussie, rapide et durable se joue en amont. Vous allez investir un peu de temps pour en gagner beaucoup. Vous pourrez compter sur un facteur d'accélération insoupçonné dès lors que vous prendrez le temps de l'activer. Ce facteur, c'est la motivation des équipes, dont le moteur propre va se mettre en mouvement et démultiplier le vôtre.

Pour mettre en œuvre, il s'agit de mobiliser, de créer une dynamique. Qui s'occupe de la mobilisation des collaborateurs ? Qui élabore le « plan de mobilisation », comme il y a des « plans de communication » ou des « plans de formation » ?

La DRH ? Elle a souvent plutôt tendance à freiner, prise par ses propres difficultés et ses peurs des débordements syndicaux. La communication ? Ce n'est pas son métier. Alors qui ? Qui doit mobiliser les équipes ? Chacun, bien sûr : le « management » ! Les difficultés commencent. Si les troupes ne suivent pas dans la mise en œuvre, « c'est la faute au management ». Et puis ?

Vous avez une vision, une ambition. À ce stade elle n'est que votre « lettre au père Noël ». Vous savez où vous voulez emmener votre fonction, votre projet, votre entreprise. Les collaborateurs sont 100, 1 000, 10 000, 100 000. Ils doivent vous suivre et se remettre en cause. Pourquoi vont-ils bouger ? Parce que vous le leur demandez ? Parce que c'est l'intérêt de l'entreprise ? Non, sans doute. Ils ne suivent pas tant qu'ils ne comprennent pas. Dans la plupart des cas, votre vision ne va pas mobiliser spontanément l'énergie des équipes.

Pour les mobiliser, il faudrait les faire rêver. Mais comment ? Et rêver à quoi ?

Rêver à une œuvre commune à réaliser, à une étoile à atteindre.

Quelle œuvre ? Quelle étoile ? C'est la bonne question.

1

Définir « où » on veut aller…
mais aussi « pour quoi »
et « comment »

L'enjeu : réussir vite…

Vous êtes directeur des achats d'un groupe automobile mondial, vous voulez impulser un nouveau professionnalisme de réduction des coûts dans l'entreprise. Vous êtes directeur de projet dans un groupe gigantesque, conglomérat de baronnies que vous allez devoir bousculer pour atteindre vos objectifs.

Vous êtes directeur industriel, chargé de définir et de mettre en œuvre de nouveaux standards de management et de production dans les 200 sites du groupe aux quatre coins du monde. Vous êtes responsable informatique et vous devez déployer un nouvel applicatif. Vous êtes responsable d'une filière bancaire et vous voulez améliorer sa performance. Vous dirigez la recherche de votre entreprise et vous voulez faire prendre en charge vos innovations par les équipes du développement.

Vous êtes directeur général et vous devez délocaliser, fermer des usines, améliorer la qualité, innover, rattraper le marché ou un concurrent. Vous êtes président et vous voulez absorber une entreprise, fusionner les équipes.

Dans tous ces cas, vous avez une ambition à mettre en œuvre, une idée, une stratégie, un projet à déployer, qui vont changer les habitudes de vos équipes en profondeur. Vous êtes pressé – par le temps, par vos clients, par vos chefs, par vos actionnaires, par votre banquier. Vos collaborateurs doivent adhérer au changement rapidement. Comment faire pour « aller vite et taper juste » ?

Au démarrage d'une mise en œuvre, vous n'avez aucun doute sur sa réussite rapide. L'idée de départ est simple, la stratégie lumineuse va s'imposer rapidement à tous. Comme vous êtes pressé, vous ne prenez guère de temps pour vous préparer et anticiper.

Chacun de nous a pu expérimenter la même chose en faisant construire sa maison. Il existe maints ouvrages sur la conception, sur la décoration, voire sur la technique de construction. Une fois les plans réalisés, « il n'y a qu'à » (Ah ! Niaka !) élever les murs et poser quelques tuyaux. Au final... on se retrouve embourbé dans un vaste chantier ni fait ni à faire. Sur la manière de gérer le chantier, de poser les murs avant les tuyaux, le plâtre et les carrelages, il n'y a rien, aucun guide, pas de livre ou presque. Comme pour la mise en œuvre. De toute façon, on les lirait trop tard, quand on serait en difficulté.

Nous prenons le parti inverse. En ouvrant ce livre vous êtes déjà sur la bonne voie. D'abord parce que, avant de démarrer, vous prenez le temps de vous préoccuper de la mise en œuvre. Et puis (évidemment !), parce qu'il va vous donner des méthodes fiables. Et si, par hasard, ce livre vous trouve au milieu du gué, quand l'idée lumineuse du début n'est plus qu'un énorme bourbier, il vous donnera les repères nécessaires pour remettre les sujets dans l'ordre. Les méthodes décrites ici ont été développées dans de telles situations.

Au final, il y a aussi peu de maisons correctement montées du premier coup que de mises en œuvre réussies comme on l'avait conçu à l'origine.

Petit florilège de situations courantes.

Changer la structure, bien sûr !

> Halec Aunomie, le nouveau directeur des achats, est un manager volontariste. À peine nommé, il va rencontrer les dirigeants de chaque site, se fait expliquer les projets. Il réfléchit à une nouvelle structure. Il se demande où mettre le curseur entre rattachements fonctionnels et opérationnels des acheteurs locaux. Son patron le presse d'officialiser sa réorganisation – « pour pouvoir avancer rapidement ». La précédente organisation, qui date de neuf mois, n'est toujours pas digérée. Il est temps de faire quelque chose.

Mettre en œuvre une stratégie est souvent compris sur le terrain comme « mettre en place une nouvelle organisation ». Et se traduit généralement par « mettre en place une nouvelle structure ». En clair, changer les « boîtes », désigner des personnes à de nouveaux postes, avec de nouvelles missions. Une nouvelle structure met le manager en visibilité. « Il se passe quelque chose », et cela satisfait généralement le management. Comme disent ses équipes un peu résignées : « Il veut imprimer sa marque, c'est normal ».

H. A. a manqué un élément majeur dans sa logique d'action : la nouvelle organisation en place depuis neuf mois n'est pas digérée. Comment peut-il croire que la nouvelle va induire des modes de fonctionnement nouveaux instantanément ?

Toute nouvelle structure induit des frustrations (ceux qui ne figurent pas dans l'organigramme de tête), des maladresses (ceux qui en font partie et n'en ont pas l'expérience), des hésitations (une nouvelle structure est rarement auto-explicative), des rejets. Mettre en place une nouvelle structure pour faire évoluer les fonctionnements, c'est comme mettre en place un ERP (Enterprise Resource Planning) en imaginant qu'il va réformer les modes de travail du jour au lendemain. On y parvient, certes, mais l'expérience montre que 18 à 24 mois sont nécessaires… Avez-vous 18 à 24 mois à attendre que vos équipes s'y retrouvent ?

Un changement de structure génère rarement en soi le changement attendu. Plus le changement voulu est important, et moins le changement de structure « sec » est adapté. Nous le verrons plus loin, un changement de structure ne doit être que la conséquence d'une stratégie, d'un projet, d'une ambition. Surtout pas un préalable.

Lancer la révolution du grand soir

Les dirigeants en sont friands. Une révolution active tout le monde, « ça pulse » !

> Huit semaines après son arrivée à la tête du groupe, P. Sident annonce une refonte totale de la structure de l'entreprise. On était organisé par pays, on le sera désormais par produits. Les dirigeants historiques sont remplacés. Des plans d'actions majeurs sont engagés, des groupes transverses mis en place. P. Sident veut aller vite. Sur le terrain, on observe, on attend que les chefs du niveau supérieur se soient mis d'accord. Eux-mêmes attendent la même chose du niveau au-dessus, et ainsi de suite. On a arrêté toutes les actions de progrès engagées – puisque de nouvelles doivent être définies. Dans les couloirs, partout, jusqu'en haut de la pyramide, on se dit : « Ça va barder ». Pour l'heure il ne se passe rien. La révolution qui devait réactiver l'entreprise commence par un arrêt brutal de tout ce qui était en mouvement.

Le plan de P. Sident est globalement cohérent, les plans d'actions sont bien choisis. Mais une cible, aussi juste soit-elle, suffit rarement.

On ne se méfie pas assez des révolutions. On croit qu'elles vont faire faire un bond en avant ; en fait, elles figent plus souvent qu'elles ne mettent en route, simplement parce que les collaborateurs, qui *in fine* feront fonctionner la nouvelle organisation, n'en ont pas compris la logique, n'y trouvent pas leur intérêt et se replient sur eux-mêmes.

Bien des entreprises ont été arrêtées net dans leur élan par la révolution d'un grand chef qui voulait que « ça bouge vite ».

« Ralliez-vous à mon panache blanc »

Marc Hetting, le nouveau responsable du service, a des idées très claires sur le rôle de ses chefs de produits. Il dit haut et fort qu'on va tout changer, qu'on n'est pas assez performant. Il charge son équipe directe de faire évoluer les collaborateurs. Les séminaires se succèdent. Il va dire partout dans le groupe qu'il remet le système en route, il prend des engagements. Six mois plus tard, les collaborateurs sont très remontés contre la nouvelle stratégie. Un des membres de l'équipe de direction s'emporte : « C'est normal, qu'ils ne suivent pas, puisque c'est une bêtise ! ». Stupeur. Les directeurs pensent… strictement comme la base. La machine ne peut pas décoller, l'encadrement supérieur est resté sur place.

Là encore, la vision du métier imprimée par le nouveau responsable est pleinement justifiée, et on sent bien qu'il va apporter une énorme valeur ajoutée à l'entreprise. Si du moins il arrive à faire prendre en charge cette vision par ses chefs de produits.

Marc Hetting a pris pour acquis que l'intelligence (incontestable) de sa vision s'imposerait facilement à tous. Il a travaillé seulement avec son équipe de direction. Il s'est trompé. Les personnes à faire évoluer étaient d'abord les chefs de produits, pas les directeurs. Il devait convaincre les premiers, et mobiliser les seconds sur le pilotage de la transformation.

Marc Hetting a fini par accepter d'organiser des petits déjeuners avec ses chefs de produits. Il leur a expliqué sa vision et le rôle qu'il voulait leur faire jouer. Il a su les intéresser, leur faire comprendre ce que cette nouvelle vision allait leur apporter. Les opérationnels ont acheté, les directeurs n'ont pu que les suivre. En quelques semaines, les conditions d'une mise en œuvre réussie étaient réunies.

« Je veux être le maître du monde ! »

> « Notre objectif, à horizon de trois ans, est de figurer parmi les trois plus grosses entreprises de notre secteur. » Le président Graham Lebœuf parle clair. « Nous allons acquérir un autre "major" pour nous renforcer plus vite. Nous voulons faire 15 % de résultat cette année, toutes les ressources sont mobilisées là-dessus. Notre stratégie est très simple : c'est la croissance rentable, le plus vite possible. »

Chacun connaît bien ces ambitions, nos entreprises en regorgent. Mais franchement, parviennent-elles seulement à nous mobiliser nous-mêmes ? Comment puis-je me reconnaître dans de tels vœux pieux ? Il en a de bonnes, le président ! Que m'apporte d'être « le numéro 3 mondial » ? Ce n'est pas moi qui vais grandir, c'est son territoire. Moi, au contraire, je vais me diluer, voire me noyer dans le nouvel ensemble. Il peut toujours fanfaronner, ce n'est pas lui qui fera le boulot. Grossir encore ? Pour exploser comme la grenouille ? Absorber d'autres entreprises ? Avec des personnels qui nous regardent de travers en se demandant de quel droit « on les reprend »…

Si le véritable enjeu du projet stratégique est de mobiliser les collaborateurs, pourquoi ces objectifs sont-ils une fois de plus proclamés comme des « hautes stratégies », alors qu'ils les rebutent plus qu'ils ne les mettent en mouvement ? Les actionnaires, les analystes financiers sont peut-être friands de ces déclarations fracassantes. Pas les collaborateurs. De tels « grands desseins » ont généralement besoin d'un charisme et d'une énergie considérables pour voir le jour. Énergie dont on a tellement besoin ailleurs.

« Que chacun fasse son travail, et tout ira bien » : l'art du plan d'actions

Les théoriciens de l'exécution vantent la mise en place systématique de plans d'actions suivis, pilotés « à la culotte », au « c… du camion » (comme on dit avec délicatesse dans l'industrie). Avec un plan d'actions, au moins, les responsabilités sont claires, les actions sont planifiées, « il n'y a plus qu'à ».

« Pour commencer, nous allons faire un plan d'actions digne de ce nom, annonce Manfred Psch, le nouveau responsable du service. Un plan d'actions que nous nous engagerons à suivre en pilotage serré. Que chacun fasse son boulot, c'est tout ce que je demande ! »

Dans le service on grommelle. Le patron n'en sait rien mais il vient de lancer le huitième plan « digne de ce nom » et, comme les autres, celui-là sera vite oublié. Changez tout, et ça recommence… La stratégie, ici, c'est « tournez manège ».

L'équipe a juré *mordicus* que cette fois on tiendrait le plan d'actions. On a préparé des reportings. On l'a même appelé « Plan d'Actions Stratégique », pour montrer son importance. L'un des responsables, lui, l'a appelé le plan « Psch'huit ». Avec raison. Les urgences quotidiennes, les problèmes qualité, les exigences clients, les centaines de courriels à traiter ont vite repris le dessus, et le plan stratégique est rapidement devenu un « Arrière-Plan ».

« Que chaque direction fasse ce qu'elle a à faire », « Chacun dans son pré, et les vaches seront bien gardées »… Les plans

© Groupe Eyrolles

d'actions dans tous les sens ont un défaut, celui justement de manquer de sens ! Avec deux conséquences :

* ils atteignent leurs limites dès qu'ils provoquent des changements profonds dans l'entreprise. Si les actions doivent en modifier le fonctionnement ou la culture, alors le plan d'actions ne suffit pas ;

* ils sont comme toute programmation. S'ils ne sont pas très circonscrits dans l'espace et dans le temps, si par exemple il faut deux ans pour les déployer, ils ont toutes les chances d'échouer. Une évolution de l'environnement, une nouvelle loi, une offre concurrente, une réorganisation, un nouveau chef, d'autres priorités, et toute la programmation est à refaire. Le plan d'actions perd rapidement de sa crédibilité.

La (pseudo)-responsabilisation des cadres dirigeants

« Le groupe nous demande un projet stratégique ? Vous dites que les cadres supérieurs ont des choses à dire ? Eh bien ! Ils vont nous les dire. »

Le président I. Responsabe fait préparer une lettre à sa signature, demandant à chaque directeur ses propositions pour les trois ans qui viennent. Munis de ces précieuses propositions, les 90 dirigeants de l'unité se réuniront ensuite en séminaire dans un château isolé pour finaliser le projet stratégique.

Deux semaines plus tard, 400 pages de notes arrivent sur le bureau d'I. Responsabe. Certaines sont anonymes. À la lecture, c'est la douche froide. En fait de propositions, les directeurs font surtout étalage de centaines de doléances de toute sorte, des gâchis, des démotivations, des frustrations.

Le séminaire approche. La litanie de jérémiades ne peut pas être écartée d'un revers de la main. Les 400 pages sont là et s'entêtent à ne pas disparaître. Que faire ?

Peut-on déléguer le contenu d'un projet stratégique au seul encadrement supérieur ? Peut-on l'élaborer sur leurs seules idées, qui seront de toute façon parcellaires, et (sauf miracle) dépourvues de souffle et de vision ?

« Hue, cocotte ! » Le pire de tout : la culpabilisation

… Ou demander de faire encore plus de ce qu'on n'arrive déjà pas à faire.

> « Quand nous sommes arrivés à la DCD, raconte un dirigeant de l'époque, nous avons pu redresser rapidement l'entreprise parce que les collaborateurs avaient vu la mort de près. Des repreneurs coréens avaient débarqué quelques semaines plus tôt, calepin à la main, au siège et dans les usines. Les équipes avaient compris qu'elles allaient subir un plan majeur. Du coup, elles ont immédiatement adhéré à notre plan de sauvetage. »
>
> Quelques années plus tard, la même équipe de dirigeants prend la tête d'AVQ, une autre entreprise en grosse difficulté. Mais là, les gens n'ont pas « vu la mort ». Comment les mettre en mouvement ? Comment les faire adhérer à un plan dont ils ne voient même pas la nécessité ?

Alors ils ont « managé par le stress », en fait par la culpabilisation et l'humiliation. À chaque présentation c'était la même chose : « Vous êtes personnellement responsable de l'état de l'entreprise », « Le plan que vous proposez est une provocation », « Vos propositions sont irresponsables »… Cinq ans plus tard, le plan de redressement a généré des dépressions, des mises au placard, des frustrations, des découragements contagieux. Les collaborateurs sont anéantis, AVQ est toujours au bord du gouffre.

L'entreprise ou le projet est comme un avion. Une erreur d'orientation d'un degré à 3 km de l'aéroport n'est pas grand-chose, pourtant vous ratez la piste de plus de 50 m. Quand les collaborateurs voient le danger, ils adhèrent instantanément, remettent les gaz à pleine puissance et se considèrent comme des héros. S'ils ne voient pas la dérive, il faut leur expliquer, montrer les 50 m d'écart, leur faire vivre les risques jusqu'à ce qu'ils en aient des frissons ; et en même temps les rassurer sur les moyens qu'on se donne pour éviter de s'écraser. Si vous les culpabilisez au moment critique sur les dérives passées, vous risquez un atterrissage douloureux.

Il ne s'agit pas de « montrer la mort », qui déclenche l'instinct de survie mais ne dure guère ; mais bien plutôt de « montrer la lumière » pour lancer le mouvement. C'est en montrant la lumière qu'on met en route pour un vrai changement.

... *Mais pour quoi, et comment ?*

Dans tous ces exemples, les dirigeants ont sans doute raison sur le fond. Un diagnostic rapide leur a permis de savoir ce qu'il fallait faire. Changer la structure, nommer des « hommes neufs ». « Reprendre le pouvoir » pour « remettre de l'ordre ». « Faire la révolution » parce que « la situation précédente n'a que trop duré ». Soit. Réduire le nombre de têtes et tailler dans les effectifs, fermer des sites pour redresser la barre, externaliser, rationaliser, délocaliser. Peut-être ; sans doute.

Mais l'expérience montre qu'en pensant seulement à « ce qu'il y a à faire », on risque surtout de se prendre les pieds dans le tapis. Dans le meilleur des cas, de gâcher les trésors d'énergie dont l'entreprise a besoin ; au pire, de se décrédibiliser, et son plan avec, jusqu'à emmener l'entreprise dans le mur.

Le « quoi » de la cible intéresse et mobilise évidemment le responsable, mais beaucoup moins au-delà. Car dans la « vraie vie », chaque collaborateur, client, actionnaire, banquier, au-delà de ses objectifs et de ses systèmes propres, est avant tout une personne dotée d'intelligence, d'émotion et d'énergie, et qui n'aspire qu'à une chose : exister, progresser et se développer.

Deux autres questions déterminantes doivent être résolues dès le démarrage : « pour quoi on doit faire ça » et « comment on va le faire ». L'expérience nous a montré que la mise en mouvement, la mobilisation des énergies nécessaires à l'évolution sont directement liées à ce « pour quoi » et à ce « comment ». Elle nous montre aussi qu'on les oublie souvent.

Comment ? S'intéresser d'abord à ceux qui vont mettre en œuvre

Rares sont les responsables sans stratégie. Peu formalisée, rarement communiquée, elle est néanmoins assez claire. Certains peuvent même vous faire des présentations remarquables. Puis, l'instant suivant, leur construction s'écroule comme un château de cartes quand l'oreille attentive leur demande simplement : « Comment ? »

Par quel bout prendre le sujet ? L'évolution souhaitée demande des changements de culture et de mentalités, des remises en question lourdes d'habitudes – et vous savez qu'elles ne se décrètent pas. Il faut du temps – et vous n'en avez pas ; des moyens – mais vous êtes déjà tellement « seul à tout faire ».

Le premier levier de toute stratégie, de toute transformation, est rarement pris en compte. Qui va réussir à obtenir les résultats escomptés ? Qui va faire qu'on atteindra – ou pas – l'ambition voulue ? Les collaborateurs, les opérationnels. Qui fait le succès ou l'échec des loueurs de voitures ? Les employés du guichet. Qui fait ou défait la réputation de l'hôtel ? Les hôtesses d'accueil. Qui génère la qualité des fabrications ? Les ouvriers sur la chaîne. Qui assure le chiffre d'affaires d'une banque aux particuliers ? Les agents de base au contact du client. Qui réussira les baisses de coûts voulues par l'entreprise ? Les acheteurs opérationnels. Tous ceux dont on dit parfois, dans les hautes sphères, qu'ils n'ont « pas le niveau ».

Qui s'occupe d'eux, et comment ? Qui les aide à réussir ? Ils sont les plus nombreux, généralement les plus mal payés et surtout les moins écoutés. Il faut le reconnaître, ils constituent le premier levier de succès ou d'échec de la mise en œuvre. Votre premier levier de réussite ou d'échec, bien au-delà des business plans de tous ordres. Quelle que soit votre cible, aussi parfaite soit-elle, votre principal enjeu réside dans la mobilisation efficace des opérationnels pour l'atteindre.

Le but est de définir comment les mobiliser, comment les mettre en mouvement. Le « plan de mobilisation » dont nous parlions plus haut. On se contente généralement de mobiliser les directeurs, et de compter sur leur propre capacité de démultiplication. L'expérience montre que c'est notoirement insuffisant.

Pour quoi ? Permettre à celui qui fera d'exister

L'une des premières actions à conduire, pour toute mise en œuvre qui requiert l'énergie des collaborateurs, est de définir le sens de l'évolution demandée. « Pour quoi on le fait » doit porter le sens qui les mettra en mouvement. Un sens qui intègre les lendemains de l'entreprise, des marchés, des clients, des concurrents. Un sens qui apparaîtra clair, indiscutable à chacun, à tous les niveaux. L'organisation, les structures, les hommes à mettre en place, les plans d'actions et les annonces viendront dans un deuxième temps, comme des conséquences logiques de ce « pour quoi ».

Préparer le « pour quoi » et le « comment » en même temps que le « quoi »

Dirigeant, responsable fonctionnel, patron d'équipe, responsable de projet, vous avez le choix. Soit vous emmenez vos collaborateurs avec vous et vous pouvez compter sur leur énergie ; soit vous les laissez sur place et vous portez toute l'évolution vous-même. Si vous avez un enjeu de mise en œuvre, posez-vous la question : voulez-vous des moteurs ou des exécutants, voire des freins ? L'écart d'énergie entre des exécutants et des collaborateurs mobilisés se situe entre 50 et 150 %.

Voilà pourquoi nous allons vous proposer, dans le parcours qui suit, de prendre du temps en amont, avant de « foncer vers la cible ». Prendre ce temps pour construire l'entraînement des collaborateurs et la démultiplication de votre propre énergie. L'expérience montre qu'il n'est même pas utile d'engager un plan d'actions ou de progrès si l'on n'a pas construit le plan de mobilisation auparavant.

Cela prend sans doute un peu de temps. Mais cela vous en fera gagner tellement, ensuite, quand la transformation, la stratégie, le projet que vous voulez mettre en place sera porté par l'intelligence et l'énergie de 10, 100, 1 000 collaborateurs.

« *Allez doucement, mon ami : nous sommes pressés* », aurait dit le maréchal Foch à son chauffeur de taxi, qui l'emmenait gagner la bataille de la Marne.

2

Mobiliser et fédérer
À la recherche
de la « cathédrale »

On a beaucoup écrit sur la stratégie de l'entreprise, sur la définition de son positionnement, de sa « différence ».

On a fort peu écrit, en revanche, sur les effets de la stratégie à l'intérieur de l'entreprise. Une bonne stratégie joue un rôle considérable en interne : celui de mobiliser les intelligences pour fédérer les énergies dans la direction voulue.

La stratégie a ainsi cette double caractéristique. En externe, elle définit le cap « pour gagner » sur les marchés dans le contexte concurrentiel ; en interne, elle oriente les efforts et met en mouvement les énergies.

Comment mobilise-t-on, dans une société où l'individualisme l'emporte sur le collectif ? On n'a jamais trouvé mieux qu'un projet, une œuvre à laquelle les collaborateurs vont pouvoir participer, un « grand dessein », une vision dans laquelle chacun va se reconnaître et s'investir.

Cette vision d'évolution ou de transformation doit :

❖ mobiliser, en sachant « parler » à chacun pour que chacun puisse répondre à la question, consciente ou non : « Qu'ai-je à y gagner ? Qu'ai-je à y perdre ? » ;

❖ fédérer les énergies autour d'objectifs communs, au-delà des partis, des silos, des cheminées multiples et souvent contradictoires de l'entreprise ;

❖ affirmer un objectif stratégiquement différenciant ;

❖ donner du sens aux actions qui en émergeront, de façon lisible et appropriable par tous.

Vous arrivez à trouver une vision stratégique de ce type ? Alors, votre mise en œuvre est déjà à moitié gagnée.

Nous allons revenir à présent sur chacune de ces caractéristiques, puis nous verrons comment vous pouvez construire une telle vision.

La meilleure stratégie est celle qui mobilise et fédère

« La stratégie n'est rien, tout est dans la mise en œuvre », prêchent les plus grands praticiens. Assurément, mais nous pouvons aller encore plus loin, à la lueur des réflexions précédentes. Il n'y a pas « une stratégie », puis « une mise en œuvre ». La seule stratégie valable est celle qui met les collaborateurs en mouvement. C'est celle aussi qui permet de tirer profit de toutes les opportunités pour concourir à l'atteinte des objectifs. Quand vous vous demandez : « Quelle stratégie pour mon équipe, pour ma direction, pour mon entreprise ? », pensez instantanément : « Comment vais-je faire bouger l'ensemble de mes collaborateurs pour avancer dans la direction la plus pertinente ? »

Une vision mobilisatrice : demander la lune !

Les collaborateurs ne mâchent pas leurs mots. « La vision du groupe, son ambition ? Je vais vous dire, c'est trois lettres : RDC, Réduction Des Coûts. Et aussi "Toujours Plus". Eh bien, ça suffit comme ça. »

Alain Finy, le directeur général, s'étonne : « À quoi cela sert de réduire les coûts ? Mais… à poursuivre notre croissance externe… Ils n'ont pas compris cela ? »

Bien sûr, les collaborateurs l'ont compris. Et puis ? À quoi sert de grossir encore ? Grossir pour aller où ? Pour faire quoi ? Pour atteindre quel ciel ?

Là, il y eut un grand vide. Alain Finy pensait que c'était le but de toute entreprise, mais il préféra se taire. En réalité, son entreprise n'avait pas de vision.

On connaît désormais bien l'anecdote : dans une cour, trois hommes sont en train de casser des pierres. Un passant demande au premier : « Que faites-vous ? ». Il répond en grommelant : « Vous voyez bien ! Je casse des pierres ! ». « Et vous, que faites-vous ? » demande-t-il au deuxième. « Je travaille pour gagner ma vie », répond-il avec fierté. « Et vous ? », demande-t-il au troisième. L'homme sourit : « Moi, je participe à la construction d'une cathédrale. »

Une mise en œuvre réussie commence par la projection d'une vision qui fait « sens » pour les collaborateurs. C'est le « pour quoi » on le fait, dont nous parlions plus haut. L'expérience montre que l'initiateur du projet sait généralement très bien pour quoi il entreprend l'évolution, le changement ou la transformation. Mais il a beaucoup plus de difficulté à l'expliquer de manière claire et mobilisatrice. Car pour mobiliser, il faut « faire adhérer », comme on dit ; c'est-à-dire « vendre », ou plus précisément « faire acheter » par tous ceux que vous voulez entraîner avec vous, dont l'énergie est nécessaire à la transformation.

Une vision mobilisatrice fait rêver. Puis, elle demande un effort, en rupture avec les réalités et les pratiques précédentes. En 1961, John Kennedy dans un discours historique lança ce mot : « *Je pense que nous devrions viser à envoyer un homme sur la Lune avant la fin de cette décennie et à le ramener sur Terre sain et sauf.* » L'Amérique fit de cette cause un véritable pari et le gagna comme on sait.

S'agissait-il d'autre chose que d'un rêve, voire d'une chimère ? Il a mis en route des centaines d'entreprises et de laboratoires, il a accéléré les progrès informatiques de trois décennies, les développements des réseaux de télécommunication, les avancées des matériaux, de l'électronique, de la télévision, de l'imagerie médicale, de la technologie aéronautique. A-t-on jamais fait meilleur investissement ?

En mobilisant le plus grand nombre, en investissant un budget certes important mais limité, le dirigeant américain a incité à développer des savoir-faire, des technologies, des applications nouvelles, et généré une valeur ajoutée considérable.

Aujourd'hui, il nous manque sans doute le dirigeant visionnaire qui lancerait la société (ou son entreprise) sur les « déplacements propres », l'auto à émission zéro ; ou l'éradication de la faim dans le monde. Ces sujets sont incontournables pour l'humanité, et il générerait là une dynamique de création de valeur considérable.

La première clé de sécurisation d'une mise en œuvre se situe dans l'envie qu'on va donner à chacun de participer à une œuvre collective, dans la « lune » qu'on va l'envoyer chercher, dans la « cathédrale » qu'on va lui demander de bâtir. Pour sortir des sentiers battus quotidiens, pour innover, et pour créer des richesses au-delà de l'imaginable.

Savez-vous quelle est la première demande des collaborateurs, quand on prend la peine de les interroger ? C'est : « Donnez-nous une véritable ambition ». Quel paradoxe ! Les dirigeants trouvent des équipes fatiguées, usées, bloquées à leurs limites ; les collaborateurs, eux, réclament de l'ambition. Ils ne veulent pas avoir toujours le dos courbé. Avec une véritable ambition qui donne envie de se dépasser, tout le monde tirera dans le même sens et on ne perdra plus son temps en coups fourrés, en « faire et refaire » et en discussions interminables. Pourquoi vont-ils réussir un projet ambitieux ? Parce qu'il les fait rêver, parce qu'ils seront fiers de sa réussite, et parce qu'ils y trouveront chacun au moins un intérêt : celui d'apprendre, de se développer, et de réussir quelque chose de grand.

Là, les gisements de performance sont gigantesques. Ils vous attendent !

Une vision fédératrice

Quand le PDG de La Redoute, voici quelques années, a décrété le « 48 heures chrono », ses collaborateurs ont crié « au fou ». Quelle était cette nouvelle idée sortie du chapeau et proprement infaisable, ce bête slogan sans relation directe avec le chiffre d'affaires ou la marge ? Pourtant ledit slogan avait été particulièrement travaillé. Il mobilisait tous les collaborateurs : les producteurs, évidemment, qui devaient fournir en flux tirés ; les commerciaux, qui devaient saisir les commandes instantanément ; les logisticiens, qui devaient préparer la livraison dès réception de la commande ; les fonctions support, bien entendu, système d'information en tête, qui devaient faire circuler l'information et décloisonner l'entreprise.

Le patron « fou » a construit l'objectif, puis il a tenu bon dans la mise en œuvre. Il a forcé à trouver des solutions, à imaginer des circuits courts, à mettre en place des modes de décision rapprochés. La mise en œuvre n'est jamais simple, quand son ambition dépasse le quotidien des uns et des autres. Vous devez rester attentif et très proche de chaque responsable d'action, tant les forces de friction ou de rappel sont fortes ; mais, ce faisant, vous incitez chacun à dépasser ses propres habitudes, à créer, à inventer, à imaginer. Non seulement, chacun est mobilisé, mais en plus, tous avancent dans une même direction. Entre nous, ce n'est pas monnaie courante.

Une vision qui va faire la différence

Les directeurs techniques de deux grands groupes se rencontrent pour un échange de bonnes pratiques. Ils commencent par évoquer la stratégie de leurs entreprises respectives.

« Nous, notre stratégie, c'est de faire de la croissance rentable », dit le premier.

> L'autre fait un mouvement de recul. Quand vient son tour de parler il dit, sur le ton de celui qui vient de voir la lumière : « Eh bien ! figurez-vous, nous aussi : la stratégie de notre groupe, c'est la croissance rentable. »
>
> Ils sont tous deux émerveillés de ce premier point commun, entre deux groupes issus de domaines pourtant aussi différents.

D'ailleurs, les points communs ne s'arrêtent pas là.

Partout dans les deux groupes, on a placardé des affiches dans les couloirs, dans les bureaux, sur les murs des usines, et qui titrent : « Notre Stratégie ». Avec en dessous cinq points :

- ❖ Accélérer notre croissance rentable.
- ❖ Diminuer nos coûts.
- ❖ Poursuivre notre développement international.
- ❖ Devenir les leaders par l'innovation.
- ❖ Permettre l'épanouissement des hommes et des femmes.

Il n'est pas de séminaire, d'annonce aux cadres ou de communication au plus haut niveau qui ne leur rappelle ces ambitions. « C'est simple, explique le directeur technique : chacun de nos collaborateurs connaît ainsi exactement ce que nous voulons faire. »

Certes, et l'intention est fort louable. Mais s'agit-il là d'une véritable stratégie ? Qui peut prétendre ne pas viser une « stratégie de croissance rentable » ? Ou ne pas souhaiter réduire ses coûts, innover, se développer à l'échelle mondiale, et même (si, si) valoriser son personnel ?

La stratégie est d'abord l'art de la différenciation. En quoi mon entreprise est-elle unique ? En quoi ses clients la considèrent-ils comme différente ? Que doit-elle développer pour être mieux reconnue dans sa spécificité ? Qu'est-ce qui va « faire la différence » sur le marché ?

Les entreprises d'aujourd'hui préfèrent souvent agir par opportunisme, sans réaliser de choix formalisé et communiqué de manière motivante sur ce qui fera « leur » différence. Elles se retrouvent en concurrence frontale sur leurs marchés, avec des niveaux de marge dégradés. Et en interne, les collaborateurs peinent à reconnaître dans ces stratégies banalisées le sens de leurs actions quotidiennes et finissent par se démobiliser.

À l'inverse, le « 48 heures chrono » a non seulement réussi à mobiliser et à fédérer les collaborateurs de l'entreprise. En même temps, il a donné une avance extraordinaire à la « vieille maison » roubaisienne.

Quel projet ? Il y en a toujours un. Ou alors... c'est grave !

« *Champions are not made in gyms. They are made from one thing they have deep inside them : a desire, a dream, a vision* »[1], disait le boxeur Mohammed Ali. À la source de tout projet, il y a une idée, un rêve. Ce qui démarque les hommes d'exception, qu'ils soient sportifs, artistes, chercheurs ou... entrepreneurs, c'est d'avoir su découvrir et cultiver leur rêve.

Ne faut-il pas le génie d'un Kennedy pour imaginer - et annoncer – une vision aussi mobilisatrice ? Y a-t-il toujours une « lune » quelque part à aller décrocher ? Toujours, oui ; sinon les mouvements d'entreprise ne se feraient pas. Mais force est de reconnaître qu'il y a beaucoup de « nouvelles lunes » que nul ne voit, cachées par l'ombre de la Terre. Qui font-elles rêver, qui aura envie d'aller les chercher ? Alors, le premier objectif si vous voulez une mise en œuvre rapide et sécurisée : trouver la « lune », imaginer la « cathédrale ». Rassurez-vous : la méthode pour y parvenir existe. Nous la décrirons à la fin de ce chapitre.

---

1. « On ne devient pas champion dans un gymnase. On devient un champion grâce à quelque chose qu'on a tout au fond de soi, un désir, un rêve, une vision. »

Absorptions/fusions

Le cas des absorptions ou des fusions d'entreprises est sans doute le plus connu aujourd'hui. Tout le monde le sait, les deux tiers des fusions échouent faute d'un véritable projet. On le sait, mais deux tiers des fusions continuent à se faire sans autre projet que « on va grossir ». Il y a bien d'autres ambitions à faire valoir !

Réduction des coûts

Qu'y a-t-il de plus banal, de moins enthousiasmant que la réduction des coûts ? Certains dirigeants essaient de faire croire à leurs équipes qu'elle constitue leur stratégie. Une « stratégie » de réduction des coûts, c'est comme une vie obnubilée par un régime minceur. La vie est-elle faite pour maigrir dans le stress permanent, ou pour se développer ?

Pourtant, même la réduction des coûts peut susciter de la créativité. Tenez, plutôt que demander de « réduire les coûts de 10 % », demandez de « développer un nouveau produit qui coûte 30 % de moins ». Cela change tout. Vous forcez à réfléchir, à repenser, à sortir des sentiers battus. Vous suscitez la créativité. La « réduction des coûts » sèche est mortifère en soi. La conception à coût objectif, elle, engendre de la dynamique, donc du développement.

« Il faut bien y passer »

Changer les postes de travail à travers tout le groupe, du Japon jusqu'au Canada, chez les Belges et les Anglais ? Que voilà un projet enthousiasmant ! Au mieux il ne va intéresser personne, au pire il va faire peur et empoisonner tout le monde. Si on en fait une « action majeure », les gens feront en traînant les pieds… donc hors délais.

Comment mobiliser sur une telle vision ? Le responsable a réfléchi au sens du changement. Dire « On n'a pas le choix », ou « Il faut y passer » ne vaut guère mieux que « Les terminaux sont obsolètes » ; on ne mobilisera personne ainsi ! Il est allé écouter, discuter partout dans le groupe. Il a découvert que la seule vraie frustration concernant les terminaux venait des bugs à répétition du système actuel. « Éliminer les bugs » : il tenait quelque chose. Son fils de 10 ans, qui racontait son après-midi au cinéma, a fait le reste.

Le projet s'est appelé Terminator. Terminator, pour en finir avec les bogues et les zinzins d'un autre âge. Termina, comme terminal. Tor, comme l'or, comme la dynamique, comme la démarche incontournable et décidée, Terminator pour affirmer haut et fort qu'on gagnera et qu'on sera des héros, avec juste un zeste de dérision au second degré. Un logo des plus explicites, avec un scarabée sur un écran d'ordinateur barré de rouge, une bonne campagne de communication. La logique de dynamisation et de déclenchement des énergies était trouvée.

Un nom ne fait pas un projet, mais il peut porter une vision, comme on le verra plus loin. Le responsable du projet a même pu faire coup double, et mettre les informaticiens en tension : les experts obtenaient gain de cause sur les changements de terminaux mais, en échange, ils se faisaient un devoir d'éradiquer les bugs !

« Notre boulot, c'est de faire ce qu'on nous demande ! »

Au contrôle de gestion, on n'arrête plus. Les chefs demandent des reportings incessants, les unités ne remplissent pas les tableaux, il faut courir partout pour avoir les chiffres et chacun s'épuise. « Une "cathédrale" ? Laissez-moi rire ! Nous passons notre vie à répondre à des courriels et à faire des tableaux Excel », s'indigne X. Écutant, le responsable. Puis il réfléchit, questionne son propre chef, écoute ses troupes sur ce que le service pourrait apporter si l'on travaillait mieux. Avec son équipe directe, il a fini par identifier la vraie vocation du service. Il l'a appelée : « Détecteur d'Opportunités ». Dans les couloirs, en réunion, dans les bilans d'activité, chacun s'est pris au jeu. Ils se sont mis à se poser la question : « Alors, tu as

> détecté quelle opportunité, toi, aujourd'hui ? » Le service est rapidement devenu un splendide agitateur de progrès pour la direction tout entière.

Il y a toujours, pour chacun, une vision qui permet de dépasser son propre quotidien ; ou bien le service, le projet, l'entreprise ne mérite pas d'exister. Mettre en œuvre commence par faire émerger cette vision et la « mettre en scène » pour donner envie d'avancer.

Une vision mobilisatrice, fédératrice, compréhensible par tous et qui vous donnera des années d'avance…

Si vous voulez mobiliser beaucoup et très loin au-delà de votre propre pouvoir, vous devrez fédérer sur de l'exceptionnel, de l'aventure ou du rêve. Et cela marche pour une société tout entière, pour une entreprise, pour un projet ou pour une innovation.

Ainsi Sony a-t-il mobilisé ses ressources créatrices sur « un magnétophone gros comme un paquet de cigarettes », pour inventer le Walkman ; Honda, sur une « théorie de l'évolution automobile », qui a généré la célèbre Civic et le style « bio » ; Canon, sur un « tambour de photocopieuse comme une canette de bière », pour damer le pion à Xerox ; Citroën, sur « un parapluie sur 4 roues », pour créer la 2 CV.

Si vous voulez mettre en œuvre de manière rapide et sécurisée, votre premier travail est de chercher quelle « lune » vous allez envoyer les équipes chercher, quelle « cathédrale » vous allez leur projeter. Vous qui voulez mettre en œuvre, faites-les rêver !

Construire la vision stratégique...
ou plutôt la faire émerger

L'art de la stratégie d'entreprise s'est sophistiqué, mais pas toujours professionnalisé. L'expérience montre que la stratégie, dans la plupart des cas, est déjà dans l'entreprise, en tout cas sa logique, son contenu. Il ne s'agit pas tant de « construire » de façon analytique un projet que de le « faire émerger ».

L'intelligence surabonde dans l'entreprise moderne

Attila Veugle aimerait bien aussi avoir sa « cathédrale » pour mobiliser ses troupes sur les vrais enjeux. Son entreprise traverse une mauvaise passe, et chacun travaille dans son coin dans une ambiance morose. « Mais c'est impossible, tout ce qu'ils veulent, ce sont des augmentations de salaires et des vacances. Il n'y a que cela, pour les faire bouger. À chaque réunion du comité d'entreprise, c'est la même chose : du fric, et des congés. Aller leur demander directement, sans passer par les syndicats ? Surtout pas ! Un cabinet de consultants est venu faire une enquête sociale il y a six mois. Ils se sont plaints de tout, on a risqué l'émeute. »

Si A. Veugle avait seulement daigné écouter... Pendant qu'il se persuadait que rien n'était possible, ses collaborateurs chuchotaient. La boîte allait mal, puisqu'ils n'avaient pas eu d'intéressement cette année. Ils étaient inquiets pour leur propre avenir, se demandaient s'il ne fallait pas chercher ailleurs avant que le bateau coule. Certains évoquaient même des voies de sortie pour l'entreprise, des niches à développer, des améliorations, des mesures d'urgence. Les collaborateurs étaient mobilisés bien au-delà de toute espérance. Mais A. Veugle et son comité de direction n'ont pas vu la richesse potentielle qu'ils avaient plein leurs couloirs...

La stratégie existe dans l'entreprise

La stratégie est un concept difficile à définir précisément. La définition du Larousse – « Stratégie : art de diriger un ensemble de dispositions pour atteindre un but » – donne à penser que son élaboration requiert un savoir-faire pointu quelque peu élitiste. Tout concourt à cela : l'enseignement qui met l'accent sur la maîtrise des outils et méthodes d'analyse, l'aura des grands cabinets mondiaux de stratégie, les dirigeants qui s'enferment dans leur tour d'ivoire pour l'exercice suprême, la définition de la stratégie destinée à assurer un avenir radieux à l'entreprise.

Et pourtant...

❖ La « conscience stratégique » est largement présente dans l'entreprise. Cela va à l'encontre des thèses selon lesquelles les entreprises ont besoin en permanence d'un surcroît d'intelligence. Les entreprises ont sans doute besoin d'une intelligence nouvelle des choses. Elles ont besoin de recul et d'une vision retrouvée pour innover, faire autrement, se différencier. Mais elles n'ont que très rarement besoin d'une intelligence supérieure concernant leurs marchés, leur positionnement et les orientations à prendre.

Il n'y a rien d'étonnant à cela. Nous recrutons des ingénieurs, des techniciens, des cadres de mieux en mieux formés, compétents, sélectionnés bien souvent sur des critères d'intelligence. Les collaborateurs sont au contact permanent de leurs clients *via* le marketing, les vendeurs, les bureaux d'études, la production, la qualité. Qui, mieux que les collaborateurs de l'entreprise, sait évaluer ses forces et ses faiblesses sur le marché, les attentes des clients, ses concurrents, le panel de fournisseurs sur lesquels elle s'appuie ?

❖ Mais force est de constater que le fossé reste considérable entre les perceptions des collaborateurs, leurs convictions, leur connaissance de la réalité, et l'expression qui peut en être donnée dans l'entreprise.

La définition d'une stratégie ne peut se résumer à un exercice théorique d'analyse et de modélisation, avec remise d'un rapport génial à la fin. L'analyse est là pour éclairer, pour confirmer, pour illustrer, pour enrichir un point particulier ; elle peut remettre totalement en cause la compréhension qu'une entreprise avait d'elle-même. Mais dans tous les cas, elle doit être partagée avec l'ensemble des collaborateurs, présentée, discutée, confrontée. Et la stratégie émergera non pas de l'analyse, mais des collaborateurs, que l'analyse aura enrichis et confortés dans leur capacité à comprendre et à faire.

La définition d'une vision stratégique est dans la plupart des cas, d'abord, une démarche d'animation, d'éclairage, de confrontation et de mise en commun entre le rêve et la réalité, entre l'ambition et le possible, puis de partage, d'expression et de communication.

Cela tombe bien. Pour qu'une « cathédrale » soit reconnue comme telle, il faut des fidèles. Comment transformer les collaborateurs en « fidèles », si la divinité du moment s'appelle « budget » (« budget is God »), « quick wins », « back to basics », voire « délocalisation », « fusion » ou « externalisation », et leur tombe dessus par surprise, du jour au lendemain ? On ne mobilisera valablement que là où les équipes ont envie d'aller.

Si vous arrivez à faire émerger la stratégie de l'intelligence de ceux qui vont devoir la mettre en œuvre, tout ira bien plus vite.

L'aventure du « Delta Minutes » de France Télécom

Lorsque Michel Bon arrive à la tête de France Télécom, en 1995, il sait que l'entreprise est menacée par l'ouverture à la concurrence et la dérégulation imposées par la législation. Le climat social est tendu. Les technologies sont bonnes, mais le moral est bas. Que faire ? Quel plan d'actions ? Quelles injonctions, quelles restructurations ?

Justement, rien de tout cela.

Il a commencé par… laisser les commandes à l'équipe en place. Il a pris sa voiture, et trois jours par semaine, pendant trois mois, il est allé sur le terrain visiter les unités, les points de vente, les centres techniques, les services du siège. Partout, il a écouté, il a interrogé, il s'est fait expliquer.

Pour ses déplacements, il a insisté pour avoir une petite voiture à deux places. Non pas tant par souci d'économie, expliquera-t-il plus tard, que pour être sûr de n'avoir que l'opérationnel terrain avec lui dans la voiture. Avec quatre places, il aurait eu l'opérationnel, mais aussi son chef et le chef de son chef (au moins), et le dialogue n'aurait pas été le même.

Là, il a pu commencer à édifier son propre projet pour le groupe, à le tester avec les collaborateurs, à en valider les thèses, les points d'appui sur le terrain, avec les opérationnels aux quatre coins de l'Hexagone. Quand il est revenu, trois mois plus tard, il a résumé la stratégie de l'entreprise en deux mots : « Delta Minutes ». Trois mois pour deux mots. Mais deux mots qui disaient tout, et qui parlaient à tous.

« Delta Minutes », cela signifiait faire exploser le trafic (en milliards de minutes) à travers les réseaux de l'entreprise, pour mieux les rentabiliser et compenser les pertes de parts de marché induites par l'ouverture à la concurrence.

« Delta Minutes », c'était aussi l'évocation des grandes heures de l'entreprise. Vingt ans plus tôt, France Télécom avait baptisé « Delta Lignes » son plan de rattrapage des lignes télé-phoniques, qui faisait sortir la France du syndrome du « 22 à Asnières ».

Chacun s'est retrouvé dans ces deux mots. Trois semaines après l'annonce de son projet stratégique, 80 % des 150 000 collaborateurs du groupe connaissaient la stratégie et étaient capables de l'expliquer. De toutes les unités opérationnelles, de toutes les régions, des idées pouvaient commencer à jaillir, de nouvelles offres de produits et de tarifs, des initiatives pour accroître le trafic ; une multitude de projets, concrets, palpables dans leur mise en œuvre et en cohérence directe avec la stratégie.

Deux mots ne suffisent pas à faire marcher une entreprise de 150 000 personnes, mais ils peuvent suffire à la mobiliser et à la mettre en route dans une direction particulière, et lui conférer, s'ils sont bien choisis et correctement représentatifs des véritables enjeux de l'entreprise, un levier de compétitivité extraordinaire.

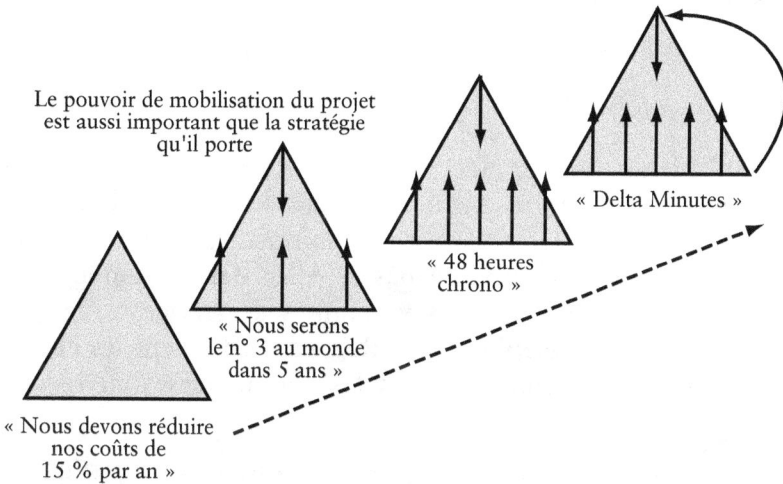

Le pouvoir de mobilisation du projet est aussi important que la stratégie qu'il porte

« Delta Minutes »

« 48 heures chrono »

« Nous serons le n° 3 au monde dans 5 ans »

« Nous devons réduire nos coûts de 15 % par an »

Figure 1 – Un projet pour donner du sens, donc mobilisateur et fédérateur, stratégiquement différenciant

Quelle démarche pour faire émerger la vision ?

Tout le travail de l'analyse stratégique consiste à faire émerger la stratégie la plus riche, la plus mobilisatrice, la plus convaincante pour l'ensemble des collaborateurs de l'entreprise.

Les idées viennent... de n'importe où dans l'entreprise. La logique descendante croise la logique ascendante. Entretiens terrain, groupes de travail qualitatifs nourris par un double diagnostic interne et externe ; les idées émises en haut sont testées systématiquement, confrontées, enrichies au contact des collaborateurs. Comment y croiront-ils ? Jusqu'où auront-ils envie de s'« arracher », de se « défoncer » pour elles ?

La vision est confrontée en parallèle aux réalités du marché et des clients, au « business model » du secteur d'activité de l'entreprise. Le but est d'entraîner les équipes vers une ambition réellement significative et différenciante pour l'entreprise. Votre vision stratégique se construira par itérations successives d'écoute, de réflexions, de challenges et de tests.

La séquence suivante nous semble la plus appropriée.

Recoller à la réalité

Organisez un « Parcours Réalité », allez écouter tout le monde, partout : au magasin des pièces détachées, à la logistique, aux projets. Votre but est de comprendre ce qui se passe, mais aussi comment cela se passe. Allez dans vos points de vente, dans vos usines, dans vos unités de service technique, sur votre plateau téléphonique. Regardez comment les clients sont traités – en vrai, comment les commandes sont reçues, planifiées, exécutées.

C'est dangereux, pensez-vous, on va vous ensevelir sous les jérémiades ? Bien entendu, vous en aurez. Mais pas tant que ça : déjà, les collaborateurs ne pourront pas se plaindre qu'on ne vient jamais les voir. Quant aux dysfonctionnements, vous venez précisément pour les entendre. Nous reparlerons sur la manière d'écouter dans la deuxième partie du livre, quand nous évoquerons vos leviers pour « recoller à la réalité » (Clé 1).

À travers ce « Parcours Réalité », vous allez pouvoir identifier :

❖ les vrais freins, c'est-à-dire ce qui entrave le progrès, empêche d'avancer, génère des frustrations. Les frustrations, les peurs et les ambitions individuelles constituent les meilleurs points d'appui pour tout changement. Si on a mal, peut-être voudra-t-on se mobiliser pour avancer ;

❖ les opportunités de progrès, qui peuvent vous rapprocher d'une vision et de l'œuvre potentielle à accomplir. Elles sont légion dans toute entreprise – des gaspillages de tous ordres à éradiquer, des possibilités de conquêtes inexploitées, des bonnes idées laissées en friche, des bonnes pratiques non généralisées.

Il s'agit ici, très simplement, de vous poser la question que se poseront immanquablement tous ceux que touche votre vision, votre projet : « Qu'ai-je à y gagner, moi, personnellement ? »

Quand vous aurez écouté le terrain opérationnel, vous aurez repéré les ambitions, les frustrations et les peurs. Si vous savez faire le lien entre votre vision pour l'entreprise et leur propre ambition de progrès ; si cette vision peut combler leurs frustrations, si elle peut les rassurer ; alors vous saurez les mettre en mouvement individuellement ; si, pour finir, elle vous permet de faire la différence sur vos marchés, vous allez faire faire un progrès considérable à votre entreprise ou à votre fonction.

En parallèle, comprendre l'environnement et le marché

Il y a souvent des études stratégiques inexploitées dans les entreprises. Vous pouvez aussi engager un « diagnostic stratégique ». Vous pourrez en faire prendre en charge les différents axes (position sur le marché, évolution du marché, articulation clients/fournisseurs, identification des forces, des faiblesses, des opportunités et des menaces externes et internes…) par des collaborateurs ; cela aura déjà le mérite de leur ouvrir les yeux.

Profitez-en pour repérer en même temps là où l'entreprise peut faire une percée, ce qu'elle peut apporter d'unique et de différenciant à ses clients. Cela vous donnera aussi une première vision des grands leviers à actionner pour parvenir à l'ambition que vous pourriez vous fixer.

Construire les éléments de la vision

Vous pouvez le faire « en chambre », vous pouvez aussi le faire à plusieurs, en challengeant et en testant les idées à mesure. Nous travaillons, quant à nous, avec un « think tank », un « groupe projet » d'une douzaine de personnes volontaires, issues de tous services et de tous niveaux, pour définir et tester l'ambition et les actions structurantes à mener.

À ce groupe vous pourrez restituer à la fois la synthèse des entretiens et celle du diagnostic stratégique comme matériaux de base. Eux aussi découvriront, mettront des mots sur ce qu'ils ressentent. Ils vont élaborer les composantes du projet à partir de ces bases.

Juste un mot quant à la constitution de ce groupe projet. On a tendance à y réunir des directeurs. Le risque est double : d'abord, les directeurs sont globalement assez loin de la réalité, et ils auront du mal à imaginer une solution vraiment réaliste ; ensuite, ils sont déjà surchargés, ils ont du mal à déléguer et à s'organiser efficacement. Mettez donc avec eux des opérationnels que vous aurez repérés dans votre « Parcours Réalité ». Ils travailleront facilement avec les directeurs. Il ne s'agit pas de hiérarchies ou d'ordres à exécuter, il s'agit de progrès, et chacun en est porteur.

Tester les idées et leur pouvoir d'entraînement

À mesure que les éléments de la vision sont définis par le groupe projet, testez-les auprès d'autres opérationnels et des dirigeants qui devront les incarner. Toute l'entreprise doit être « appétente » à la vision proposée, lui trouver du souffle, un enthousiasme, une ambition.

On teste trop peu dans les entreprises. Par pudeur peut-être, par crainte d'être désavoué avant d'être allé au bout de ses convictions. On « cache la copie », on « fait dans son coin ». C'est dommage. Un test évite bien des déconvenues, et peut conforter aussi une orientation qu'on hésitait à prendre. Nous en reparlerons à la Clé 6.

« Vision » n'est pas (seulement) « actions »

Quand on engage une démarche d'évolution stratégique, le premier réflexe est de penser « actions ». Prenez un responsable ou un groupe de travail, donnez-lui un objectif, un projet, une stratégie à mettre en œuvre. Immanquablement, il commencera par vous faire un « inventaire à la Prévert », une litanie d'actions sans début ni fin.

On ne mobilise pas sur des actions ou sur du travail à faire. On mobilise sur une œuvre à produire. Et vous voulez précisément que votre vision débouche sur une œuvre.

Une mise en œuvre réussie nécessite que la vision ait les composantes suivantes :

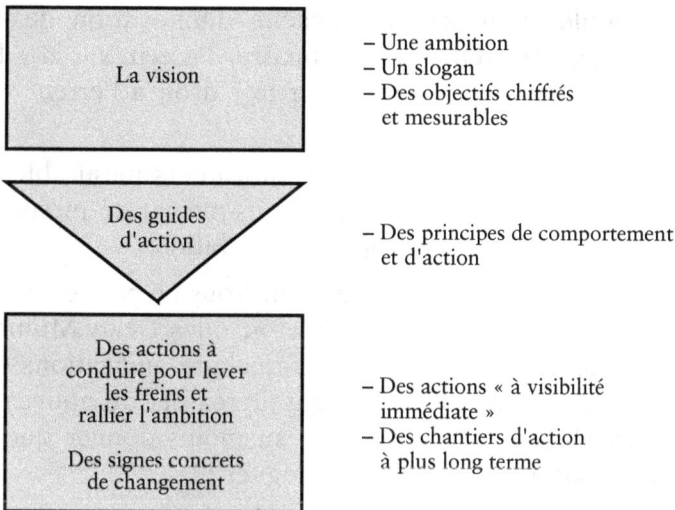

La vision
— Une ambition
— Un slogan
— Des objectifs chiffrés et mesurables

Des guides d'action
— Des principes de comportement et d'action

Des actions à conduire pour lever les freins et rallier l'ambition

Des signes concrets de changement
— Des actions « à visibilité immédiate »
— Des chantiers d'action à plus long terme

Figure 2 – Les composantes d'une vision stratégique

❖ Un slogan mobilisateur, une « bannière » compréhensible instantanément, porteuse de tout le sens de l'évolution et des avantages qu'elle porte pour l'avenir. Le « 48 heures chrono » de votre entreprise, de votre direction ou de votre projet, son « Delta Minutes ». Vous pourrez renforcer le sens en ajoutant au slogan une « base line » impliquante pour chacun. « Client au cœur, personnel au centre », a-t-on proposé ici pour reconnaître d'emblée que chacun était concerné, impliqué, responsable, et qu'à ce titre, on s'intéressait à lui. « Agissons autrement pour faire la différence », a-t-on déclaré ailleurs pour dire qu'il ne s'agissait pas de « faire plus de ce qu'on n'arrivait pas à faire », mais de « faire mieux pour faire beaucoup plus ».

Dans tous les cas, le slogan et sa base line éventuelle ont deux caractéristiques :

- ils couvrent à la fois le « pour quoi », le « quoi » et le « comment » ;

- ils ont une finalité de développement.

❖ Des principes de comportement et d'action, guide des nouvelles postures que chacun doit adopter pour réussir. Si vous voulez renforcer la capacité d'innovation de votre entreprise, par exemple, vous mettrez l'accent sur la « force de proposition » de chacun, sur le « droit à l'erreur », sur la « prise d'initiative ».

❖ Des objectifs chiffrés, avec des indicateurs mesurables, qui vont permettre à chacun (et à vous-même) de mesurer les progrès accomplis par rapport à l'ambition.

❖ Des grandes orientations d'action. Vous ne pouvez pas dire « 48 heures chrono », « Doubler », ou « Delta Minutes », si vous ne donnez pas au moins quelques indications sur la manière de les atteindre. Il s'agit de réaliser du nouveau, de l'impensable, donc vous devez au moins donner quelques pistes. Vous aurez intérêt à distinguer :

- des chantiers, des actions de fond, des plans de rattrapage à moyen et long terme ;

- et des actions instantanées, à « visibilité immédiate », pour donner un goût de victoire et de dynamique (*cf.* Clé 5). Elles devront apparaître comme indiscutablement nécessaires pour rallier l'ambition.

Une démarche systématique pour concevoir la « cathédrale »

La démarche globale de cette phase d'émergence et de construction de la vision peut être figurée comme suit :

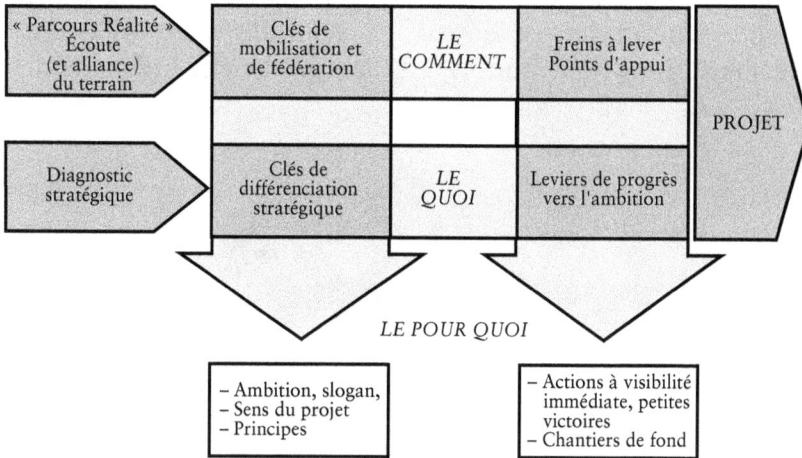

« Parcours Réalité » Écoute (et alliance) du terrain	Clés de mobilisation et de fédération	LE COMMENT	Freins à lever Points d'appui	PROJET
Diagnostic stratégique	Clés de différenciation stratégique	LE QUOI	Leviers de progrès vers l'ambition	

LE POUR QUOI

– Ambition, slogan, – Sens du projet – Principes	– Actions à visibilité immédiate, petites victoires – Chantiers de fond

Figure 3 – Comment concevoir l'œuvre à produire

❖ Votre « Parcours Réalité », les entretiens d'écoute du terrain vous permettent :

– de concevoir le « souffle » de la vision, les arguments de mobilisation et de fédération pour susciter la dynamique ;

– de repérer les freins, les entraves ; pourquoi les commerciaux ne vendent pas davantage ; pourquoi il faut tant de temps pour développer un nouveau produit ; ce qui empêche de faire de la qualité ; etc.

– d'évaluer la hauteur de la marche à franchir, là où vos collaborateurs peuvent aller.

❖ Le diagnostic stratégique vous permet, quant à lui :

– d'identifier l'ambition à poursuivre, ce qui fera « faire la différence » à l'entreprise, pour assurer le caractère différenciant du projet ;

– de recenser les principaux leviers de progrès à mettre en œuvre pour rallier l'ambition.

Pour revenir aux concepts du premier chapitre, le « quoi »
viendra du diagnostic stratégique. Le « comment » (ce qui va
transformer l'enjeu en œuvre) va venir de votre « Parcours
Réalité ». Le « pour quoi » (à la fois parlant et utile) viendra
des deux.

3

Mettre en place un vecteur projet fort et la gouvernance associée pour piloter la mise en œuvre

Vous avez élaboré chacune des composantes de votre vision. Pourtant, elle n'est pas encore tout à fait prête à être mise en œuvre. Il faut définir le dispositif qui va prendre en charge les évolutions voulues.

Nous allons voir dans ce chapitre comment :

* mettre en place un « dispositif projet » pour assurer l'avancement et le pilotage de l'évolution ;
* définir le « cahier des charges » donné à ce dispositif projet, en particulier en l'orientant sur les principaux leviers de progrès ;
* définir le mode de gouvernance du projet pour faciliter l'appropriation et la mobilisation et accélérer la mise en œuvre ;
* « mettre en scène » l'œuvre à produire, et vérifier que ceux et celles concernés par la mise en œuvre maîtrisent bien la vision d'ensemble.

Une dynamique projet

Pour favoriser la mise en mouvement, nous privilégions la « dynamique projet », c'est-à-dire :

- une ou des équipes de collaborateurs nommément désignés pour faire avancer les différents sujets ;
- un responsable du projet « sorti » des structures traditionnelles, rattaché au plus haut niveau impacté par le changement (le vôtre), chargé de coordonner l'ensemble des contributeurs des différentes fonctions ;
- des objectifs clairs et partagés par toutes les directions contributrices ;
- un dispositif de décision matérialisé par une instance qui incarne les objectifs et peut éventuellement les réorienter, et assure les arbitrages nécessaires. Cette instance, sans doute transverse, réunit les responsables des contributeurs ; nous en reparlerons quand nous évoquerons la gouvernance.

Plus le changement requis par la nouvelle stratégie est vaste, profond ou transverse, et plus le projet doit être distingué des structures « pérennes » hiérarchiques.

« Tout est défini, chacun sait ce qu'il a à faire, on ne va pas en plus mobiliser quelqu'un. Que chacun fasse son travail, et on y arrivera comme ça » pensent certains. Eh bien ! Non. On retombe dans le syndrome du « et les vaches seront bien gardées » évoqué au premier chapitre. Cela ne fonctionne que dans les cas où la coordination n'est pas majeure.

Un projet stratégique, aux enjeux transverses, requiert une coordination et une dynamique forte, bien supérieures à ce que les structures pérennes peuvent faire en plus de leurs urgences quotidiennes. Si vous confiez un projet de transformation à vos structures traditionnelles, vous courez le risque que rien ne bouge et que le projet soit noyé d'emblée.

La dynamique projet a ici plusieurs avantages définitifs sur les plans d'actions.

- *Le projet enclenche une dynamique de création et de responsabilité.* Dans la plupart des projets, 50 % des actions conçues et mises en place ne figurent pas dans la définition initiale du projet. Elles lui sont totalement cohérentes, mais sont imaginées au fur et à mesure. Elles naissent d'initiatives personnelles, de bonnes idées, d'envies de collaborateurs individuels.

Dès que le collaborateur peut confronter ses neurones à un mot d'ordre auquel il croit, il est déjà en route. Le plan d'actions, beaucoup plus centralisé et taylorien, ne peut générer le même résultat.

❖ *Le projet permet d'aller beaucoup plus vite.* Une transformation d'ampleur ne peut être portée par les structures pérennes, même si elle est construite avec elles. Les structures pérennes assurent la vie de l'entreprise, beaucoup plus difficilement une rupture. Un dispositif projet pousse à la roue, à la remise en cause, à l'élaboration de solutions nouvelles, beaucoup plus rapidement.

❖ *Le projet favorise la collaboration entre directions* et casse les baronnies, fluidifie l'entreprise et ses processus.

❖ *Il fait grandir tous ceux qui y participent,* qui apprennent au passage l'art du management d'influence, la réussite « avec les moyens des autres » et acquièrent une vision transverse de l'entreprise et de ses enjeux. Bien souvent, le management de projet constitue la première école de préparation des dirigeants de l'entreprise.

Définir les dimensions du projet, le structurer

Comment allez-vous réaliser les actions mises en exergue dans votre projet ?

❖ Les actions « à visibilité immédiate », souvent localisées dans la structure, ne demandent pas un dispositif lourd et peuvent être traitées comme des actions, c'est-à-dire par les structures pérennes.

❖ Les chantiers de fond sont par définition beaucoup plus transverses. Ils nécessitent de la réflexion et un dispositif, lui aussi, transverse. Comment les prendre en charge ?

Préparer le plan de marche

Il s'agit ici de définir l'ordre dans lequel vous allez conduire les chantiers. Par quoi allez-vous commencer ?

Avec votre groupe projet (*cf.* chapitre 2), vous allez quantifier les chantiers. Combien de milliards de minutes rapportera telle nouvelle fonctionnalité si on la met en œuvre ? Combien d'« heures chrono » permet de gagner un centre d'appels, ou un circuit logistique plus court ? Combien faut-il d'étapes au projet Apollo pour conquérir la Lune ?

Et, bien entendu, combien chaque chantier va-t-il coûter ? Comment cadre-t-il avec le compte prévisionnel de l'entreprise ? L'ensemble du projet doit « boucler », l'ambition conditionne les comptes et permet de définir les moyens associés.

Identifier le « futur antérieur » du projet

Le diagnostic stratégique vous donne une bonne vision de « ce qu'il y a à faire » mais il y a encore besoin d'analyser, même si chacun est « convaincu de l'intérêt », et pense « on n'a pas le choix ». Il s'agit d'identifier les mines potentielles, les pièges, les risques. Et les opportunités.

> « Mais puisque je vous dis que ce projet est purement technique ! » affirme Gérard Chefdepro, le responsable. En soi, il a raison. Il s'agit simplement de changer les numéros des millions de clients de l'entreprise ; sans se tromper... Or les études de marché montrent que le premier souhait des clients serait de pouvoir choisir leur numéro. L'entreprise aurait pu développer une nouvelle offre particulièrement rentable très simplement. « Ah oui ! Tiens, c'est vrai... fit G. Chefdepro. Mais il aurait fallu le dire plus tôt ! »

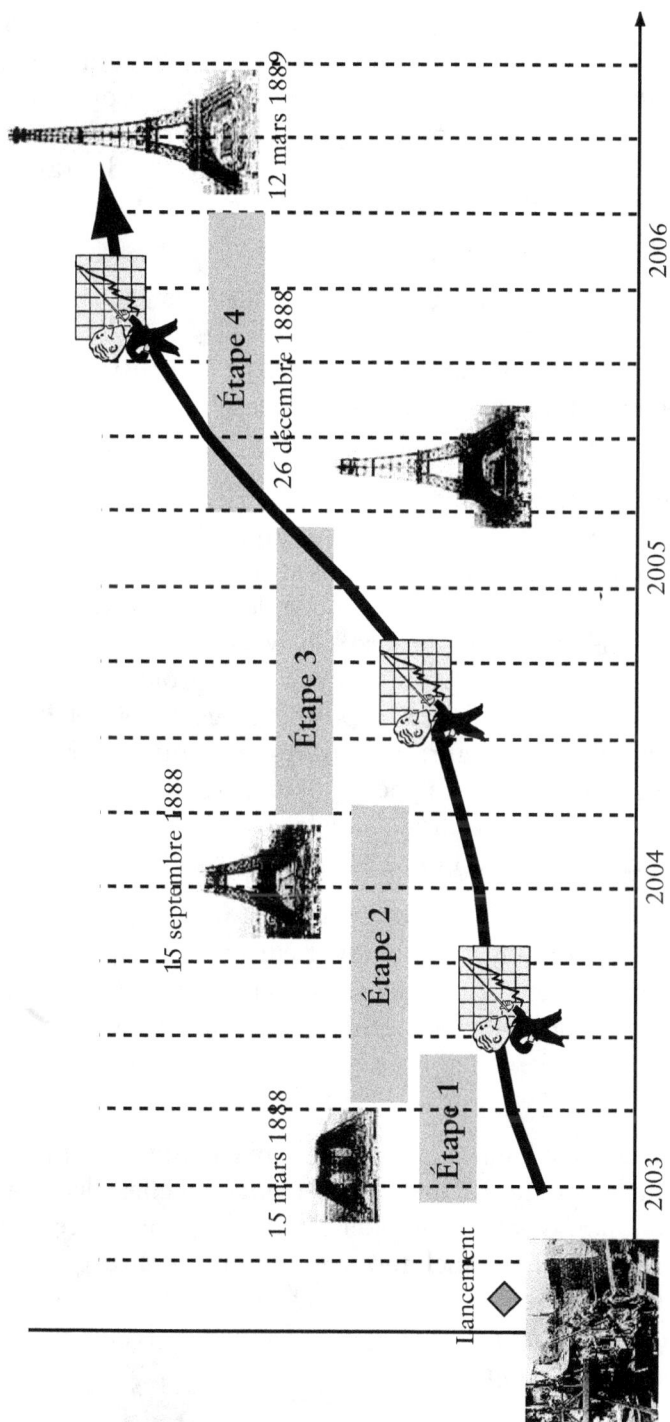

Figure 4 – Plan de marche : structurer et jalonner le parcours pour atteindre l'ambition

Même quand le projet est « purement technique », même lorsqu'il est « imposé » par une nouvelle réglementation ou une obligation venue du siège, il cache aussi une opportunité pour l'entreprise. À condition de prendre le temps de la chercher. L'opportunité est double en réalité ; si à peu de frais on peut faire quelque chose de nécessaire mais aussi d'utile, on va pouvoir mobiliser beaucoup plus facilement.

Il s'agit donc ici de repérer, quand cela ne coûte encore quasiment rien d'autre que du temps de quelques-uns, les dimensions de votre projet. Toutes ses dimensions. Les méthodologues reconnaîtront là l'« étude d'opportunité », ou l'« avant-projet ».

Quand on réfléchit ainsi *a priori*, l'expérience montre qu'on pense facilement aux dimensions techniques (il faut faire ci ou ça), beaucoup moins aux dimensions stratégiques et humaines. Nous vous proposons une approche légèrement différente. Plutôt que de partir d'aujourd'hui vers l'avant, partez à rebours. L'étude d'opportunité de votre projet, c'est son « futur antérieur » : qu'aura apporté/changé le projet ? Qui aura-t-il mobilisé ? Où aura-t-il eu des conséquences ? Quels événements auront pu impacter son déroulement ? Quels pièges aura-t-il dû contourner, quelles bombes aura-t-il désamorcées pour parvenir à l'objectif ?

L'analyse ne présente pas seulement l'intérêt des résultats auxquels elle conduit. Elle permet surtout les questionnements, le challenge. Comment le scénario élaboré résiste-t-il au feu des questions du bon sens ? Vous allez tester, soumettre, questionner, peser les options. Vous allez vous « faire le film ».

Le film est comme l'action : après une image doit en venir une autre. Quelle est-elle ? Quels événements, quelles décisions, quelles annonces vont se succéder ? Qui allez-vous faire venir dans votre bureau, à quel moment, pour lui dire quoi ? Il faudra des ressources : lesquelles, où allez-vous les trouver ? Comment vont réagir les équipes ? Comment réagiriez-vous vous-même, face à un tel projet ?

Vous repérerez ainsi beaucoup plus facilement ce que cela va changer pour les uns et les autres, quels réseaux d'acteurs doivent être mobilisés, qui doit être rassuré, quels risques doivent être levés – bref, tout ce qui doit être anticipé.

Là, vous serez attentif notamment aux impacts sociaux. S'il y en a, vous avez intérêt à affûter vos arguments avant ! Il n'y a rien de pire que d'arriver face à 800 cadres pour annoncer une nouvelle stratégie, et de ne pas savoir répondre à des questions du genre : « Comment allez-vous la mettre en œuvre ? », « Qu'avons-nous à y gagner ? », etc.

Longtemps, par exemple, on a cru que les collaborateurs ne se mobiliseraient pas volontiers sur les opérations de productivité majeures, parce qu'ils se sentiraient menacés eux-mêmes. On sait aujourd'hui que c'est faux – si seulement on prend le temps de réfléchir à la manière dont les effectifs en surnombre vont pouvoir être accompagnés avant de proclamer partout que « nous sommes beaucoup trop nombreux ».

« Le marché change, et nous allons devoir spécialiser beaucoup plus nos équipes de vendeurs, dit X. Cusémoi, le patron de l'entreprise. Mais de ce fait, ils seront moins nombreux sur un territoire plus vaste, ce qui altérera forcément leur qualité de vie. Comment voulez-vous les mobiliser ? » X. Cusémoi, tout penaud, a préparé un premier plan avec le directeur des ventes. Puis, quand on l'a forcé à se mettre deux minutes à la place de ses vendeurs, il a pris conscience que l'évolution pourrait être une opportunité de développement formidable pour certains d'entre eux. Leur première question ne serait pas « Qui va en faire partie ? », mais beaucoup plus : « Comment va-t-on nous former ? ». Du plan de formation, il n'avait même pas imaginé le début du commencement. Du coup, il a pu penser développement plutôt que victimisation...

Et puis – qui sait ? Peut-être découvrirez-vous, en vous mettant à la place des équipes, que la productivité peut se réaliser autrement ?

> « Nos ressources de R & D nous coûtent beaucoup trop cher », affirme le directeur général à Bérengère Acanon, la responsable du service. Il veut améliorer l'efficacité de la R & D et licencier des ingénieurs. Elle lui fait remarquer le côté « légèrement » démobilisateur du plan et lui en propose un autre. Plutôt que de dire « Il y en a trop », pourquoi ne pas dire « Utilisons nos ressources pour créer davantage de produits nouveaux, ou répondre à plus d'appels d'offres internationaux » ? Le directeur général a eu le bon goût de l'écouter. Les ingénieurs ont suivi instantanément, et l'entreprise a crû de 20 % en deux ans.

Dans tous les cas, une mise en œuvre ne se gagne pas sur la technique.

Structurer et gérer le projet

Vous aurez sans doute intérêt à nommer un responsable du projet, qui vous rapportera directement. Il s'appuiera, en permanence, sur les ressources de la structure mais il œuvrera avec sa dynamique propre, pilotée à votre niveau.

Chaque chantier requiert sans doute en lui-même la mobilisation coordonnée de plusieurs compétences. Vous allez définir lesquelles, puis faire désigner nommément les ressources nécessaires pour les prendre en charge. Chaque chantier deviendra ainsi un « projet » ou une « task-force » (si l'action est circonscrite et peut être menée rapidement), avec son responsable, ses objectifs, son équipe, et des ressources allouées.

Voilà pour la partie « conduite » du projet, le « moteur » du véhicule de mise en œuvre. Il reste la colonne de direction à mettre en place.

Une gouvernance pour permettre l'appropriation des structures impliquées

Pourquoi diantre un paragraphe sur la gouvernance dans un livre traitant de la mise en œuvre ? En effet, le sujet ne figure dans aucune méthodologie, tout du moins pas aussi explicitement. L'expérience montre pourtant que sans une gouvernance appropriée, la mise en œuvre a peu de chance de se faire sans douleur.

Dans les cas simples, c'est-à-dire dans le mode « top down » traditionnel, la gouvernance est bien connue. Le projet est animé par un directeur de projet, qui rend compte régulièrement à une structure de pilotage, chargée de rendre les arbitrages et de réorienter éventuellement les objectifs. Ce dispositif suffit dans la plupart des cas.

Pour les groupes décentralisés, avec leurs centaines de filiales réparties aux quatre coins du monde et responsables de leur compte de résultat, le niveau de complexité pour la mise en œuvre s'accroît significativement. Dès lors, les projets nécessitent une gouvernance beaucoup plus élaborée où chaque partie prenante peut s'exprimer et faire valoir son point de vue.

« C'est idiot, dit le directeur des systèmes d'information du groupe, Daniel Sy-Injour, en comité exécutif. Chaque branche va devoir faire évoluer son infrastructure informatique dans les trois ans qui viennent. On pourrait quand même mutualiser ! » Ses collègues opinent. D. S.-I. est chargé de préparer un dossier de décision (s'il avait su…).

Le sujet n'est pas simple. Les DSI des branches n'ont envie ni de changer leurs plannings, ni d'adapter leurs cahiers des charges, ni de faire évoluer leurs organisations. Les branches ne veulent pas payer, pas être ralenties ou accélérées, pas assumer des sujets communs, surtout s'il y a des impacts

– sociaux ou économiques, liés à des « désoptimisations » locales. Mutualiser, assurément une excellente idée ; réussir la mise en œuvre, un véritable challenge.

D. S.-I. est perplexe. Au fond de lui-même, il rêve de relever le défi ; en même temps, il entrevoit la complexité de son initiative, les montagnes à déplacer, les efforts à déployer. Il entreprend de cartographier les forces en présence. Les intervenants sont multiples, chacun avec ses intérêts et sa logique d'action. Cependant, des lignes de convergence se dessinent peu à peu. Il décide de lancer une étude d'opportunité avec une gouvernance adaptée.

Pourquoi une gouvernance ?

D. S.-I. (comme vous sans doute) aimerait tellement que le président du groupe « prenne ses responsabilités », « tranche », impose ses choix. Mais le président ne désavouera jamais une branche, il n'imposera aucun choix à quiconque. Chaque branche est responsabilisée sur ses résultats, et une obligation de choix pénaliserait cette responsabilité. La seule crainte que peut avoir un patron de branche, c'est de se faire remercier par le président, ce qui ne se produira pas pour une question de système d'information. Le président n'interviendra que sur des points très précis, l'image du groupe ou les budgets. On est loin de devoir arbitrer là-dessus pour l'instant. D. S.-I. sait que s'il veut imposer la moindre décision, elle lui reviendra en boomerang. Il est condamné au consensus.

Quelles sont les caractéristiques de la gouvernance que vous allez mettre en place pour sécuriser votre projet ?

Qu'est-ce qu'une gouvernance adaptée ?

Pour faire simple, c'est le dispositif d'instances qui vous permettra de faire prendre des décisions et de rendre les arbitrages, tout en évitant les blocages des différentes parties prenantes. C'est donc avant tout un dispositif « managérial », spécifique à chaque projet et cohérent avec les modes managériaux de l'entreprise. Ce dispositif vous permet d'établir le lien entre la logique de votre projet et les logiques des structures pérennes, entre le présent et le futur.

Il a les caractéristiques suivantes :

❖ il doit intégrer et représenter les multiples types d'intervenants au projet (les opérationnels, les métiers, les fonctions) et assurer les équilibres entre eux ;

❖ il doit favoriser la confrontation des idées, des points de vue, des intérêts et logiques propres. Des blocages peuvent survenir, des points durs apparaître. Pour les surpasser, le dispositif est organisé par niveau de responsabilité hiérarchique, permettant ainsi « d'escalader » les sujets pour lesquels il n'a pas été possible de converger à un niveau donné ;

❖ la gouvernance fait partie intégrante de votre dispositif projet. Par rapport au fonctionnement des instances pérennes, elle permet de densifier les échanges et les confrontations, d'établir de nouvelles lignes de force, de faire émerger de nouvelles convergences de vues. Chaque partie prenante peut ainsi s'exprimer en amont et « purger » les inévitables désaccords ;

❖ elle permet une appropriation des choix progressive et collective. La « vente » de votre projet est ainsi facilitée et anticipée puisque les différents responsables découvrent le projet en même temps qu'il se construit, minimisant ainsi les remises en cause pendant la mise en œuvre.

❖ une bonne gouvernance facilite et prépare la prise de décision. En effet, les propositions que vous soumettez à décision ont fait l'objet de nombreux challenges aux différents niveaux. Ce sont des propositions largement débattues, acceptables par tous qui souvent ont déjà fait l'objet de processus d'escalade au sein des différentes directions concernées.

Votre posture personnelle constitue un facteur de réussite majeur du projet, au-delà de toute technique ou méthodologie.

Vous aurez besoin d'être particulièrement ouvert, à l'affût et à l'écoute de tout, et pédagogique en toute circonstance :

❖ accepter le challenge permanent et les opinions préconçues, aussi caricaturales soient-elles. Au début, elles sont pénibles, parce que personne n'est en mouvement ; puis, semaine après semaine, les sujets de friction évoluent ;

❖ prendre le temps d'expliquer, reconnaître que les sujets sont complexes et que l'appropriation demande du temps et des discussions ; qu'on est même là pour cela.

Pour les projets d'ampleur avec de nombreuses parties prenantes, la gouvernance de votre projet peut donner l'impression d'une « usine à réunions ». C'est objectivement vrai. Cependant, très rapidement, personne ne peut s'en passer, tout le monde veut mettre à l'ordre du jour un point qui lui tient à cœur, porter à la connaissance de tous le dernier risque identifié, savoir quelle est la position du projet sur tel ou tel sujet qui pose problème dans telle direction, connaître la position des experts sur la dernière proposition d'arbitrage, etc.

Dans l'exemple ci-dessus, D. S.-I. a mis en place, dès l'étude d'opportunité, une gouvernance à quatre niveaux en partant du principe qu'il était indispensable de roder le dispositif avant le lancement effectif du projet.

Cela paraît incroyablement lourd pour un projet au concept plutôt simple. Cette mécanique a néanmoins permis d'intégrer dès le démarrage et de manière systématique toutes les parties prenantes, du niveau opérationnel jusqu'au niveau de décision le plus élevé, avec un processus d'arbitrage remontant. Aucune question n'a été éludée. En quatre mois, le dossier a été constitué et la décision prise. La mise en œuvre a pu ensuite se dérouler en un temps record. Les équipes, mises en « chauffe » par l'élaboration du dossier de décision, ont pu la démarrer « lancées ». Cette phase de préparation a permis, en outre, de dégoupiller l'essentiel des blocages majeurs traditionnels. La gouvernance a permis de sécuriser et d'accélérer le projet.

On peut toujours « foncer ». On peut toujours décider d'engager une évolution de la stratégie ou un projet majeur d'un seul coup de pouce. C'est même tentant. Mais il ne faut pas s'étonner que les équipes soient comme au spectacle, à regarder les chefs annoncer des grands programmes ou des réformes et à les commenter avec bonne humeur. La mise en œuvre est impitoyable. Les questions, les dérives, les remises en cause non résolues à ce moment coûtent effroyablement plus cher.

Encore un mot. L'avant-veille de la décision, D. S.-I. est allé rencontrer le président du groupe. Il lui a présenté le dossier, lui a proposé de demander aux directions de retravailler leurs budgets pour aller au-delà dans la mutualisation. D. S.-I. était sûr que son mode de gouvernance le permettait. Le président l'a suivi. Il a demandé à son comité exécutif de faire mieux. En une nuit, les directions ont retravaillé et sont parvenues à économiser 8 % des prévisions annuelles de leurs coûts récurrents du projet. Chacun à son niveau, dans la structure, avait joué son rôle. Y compris le président.

Prêt à communiquer !

Si votre projet est construit de cette manière et s'il est correctement approprié par tous les niveaux concernés, vous avez réussi la préparation de la mise en œuvre. Les conditions sont en place pour que ladite mise en œuvre se passe bien, de manière rapide et maîtrisée.

Vous pouvez désormais annoncer votre projet. Le « film » de la présentation est simple.

> J'ai pris le temps de vous écouter, voilà ce que j'ai vu et entendu (*synthèse des entretiens*). En réalité notre environnement est comme ceci, notre marché évolue comme cela. Nous devons impérativement évoluer, sinon nous courons un risque majeur (*synthèse du diagnostic stratégique*). Nous n'avons pas à avoir peur, nous avons toutes les compétences en interne pour réussir, et les moyens pour réaliser une grande œuvre pour notre entreprise.

> Si nous voulons gagner, nous devons apprendre à nous positionner comme ça (*annonce du projet stratégique*). Je vous propose de nous fixer une ambition pour les trois ans

qui viennent. Je l'appelle ainsi (*le slogan*). Cela nous donnera un avantage déterminant sur nos marchés.

Maintenant, soyons clairs : cela ne se fera pas tout seul. Voilà les grands axes d'action nous allons devoir suivre (*chantiers*). Vous m'avez suggéré plusieurs actions majeures à entreprendre, dont deux en particulier doivent être lancées immédiatement et en urgence (*actions à visibilité immédiate*). Nous ne pourrons plus non plus travailler tout à fait de la même manière. Nous allons devoir nous habituer à... (*principes d'actions*).

Pour réussir cette ambition dans les trois ans qui viennent, j'ai demandé à Mme X de piloter une structure projet, qui rendra compte à tel comité chaque mois de l'avancement des travaux (*annonce du « véhicule » projet et de la gouvernance ; inutile de s'appesantir, c'est de la tuyauterie !*). Pour faciliter l'avancement, nous devons aussi adapter notre structure (*annoncer ici les modifications d'organigramme ; elles vont apparaître comme des conséquences de la révolution, et non pas comme la révolution elle-même, ce qu'elles ne seront jamais*).

Nous commençons tout à l'heure. Qu'est-ce qui a changé pour nous aujourd'hui ? Notre manière de voir les choses, et en particulier notre rôle à chacun pour atteindre l'ambition. Notre ambition, c'est celle de chacun de nous, chacun à son niveau. Ce sera difficile, c'est une vraie révolution. Mais nous avons, vous avez tout ce qu'il faut pour la réussir.

Je suis fier d'être à vos côtés dans cette nouvelle aventure.

Comme votre film est un bon film, vous aurez intérêt à en faire un véritable événement. Si vous ne pouvez pas réunir tout le monde en même temps, n'hésitez pas à organiser des retransmissions visio simultanées, ou à faire des « road show » si l'enjeu le justifie. Rien ne vaut l'information directe quand il s'agit du lancement d'une opération transverse et universelle. Ne faites surtout pas redescendre l'information « par les hiérarchies », elle serait beaucoup trop distordue.

À présent vous allez voir que votre projet :

❖ est compris de tous, à tous les niveaux, c'est-à-dire que chacun est capable de le dire, de l'expliquer et de le porter ;

❖ démarre rapidement, c'est-à-dire produit des premiers résultats concrets avant même que le dispositif projet ait commencé à travailler ;

❖ génère des actions beaucoup plus nombreuses que vous l'aviez imaginé au départ, simplement parce qu'il est assez ouvert pour inciter à la créativité.

L'expérience montre qu'un tel projet génère environ deux fois plus d'initiatives que d'actions préconçues, et qu'elles sont portées par toute l'entreprise, et non plus par vous seul. Tout ce dont se prive un plan d'actions, aussi solide et bordé soit-il.

Deuxième partie

DE LEUR RÊVE À LA RÉALITÉ, 7 CLÉS DE MISE EN ŒUVRE

– Si je comprends bien, à ce stade, nous avons des chantiers et des plans d'actions traditionnels. Pourquoi toute cette phase de préparation, si c'est pour revenir aux plans d'actions par lesquels nous voulions spontanément commencer ?

– Vous avez raison. Mais votre plan d'actions fait sens pour vos équipes. Vous leur avez fait un film, avec une « happy end » qu'ils comprennent et partagent. Vous leur avez permis en plus de se voir dans le film. D'en être les héros. Et vous avez une « machine de guerre », un dispositif projet qui va activer le progrès beaucoup plus vite que vos structures pérennes. À présent, il s'agit de concevoir les solutions et de les amener sur le terrain jusqu'à en faire de nouvelles habitudes, de nouveaux réflexes dans le quotidien des collaborateurs.

– Mais comment les mobiliser pour qu'ils prennent en charge ces changements d'habitude ?

– C'est la bonne question. Les clés de mise en œuvre doivent vous permettre de sécuriser l'ensemble.

Revenons à notre question initiale : qui sont ceux qui déploient et mettent en œuvre ? Qui sont les acteurs incontournables pour réussir les stratégies de croissance dans la banque de détail ou les services de télécommunication, dans la distribution de produits de beauté ou la location de voitures ? Sans aucun doute, les « agents de contact », les vendeurs au guichet. Qui réussit la stratégie de réduction des coûts dans l'entreprise ? Les acheteurs opérationnels face aux fournisseurs. Qui garantit l'efficacité du développement ou l'innovation ? Les chercheurs opérationnels et les ouvriers du terrain. L'amélioration de la qualité et de la productivité ? Les ouvriers et les méthodologues opérationnels.

Si la mise en œuvre doit passer par les équipes opérationnelles, nous devons concentrer tous nos efforts pour les convaincre, les entraîner et éradiquer ce qui peut les entraver ou les freiner. Nous avons toujours tendance à nous dresser sur un cheval, sabre en avant, pour entraîner les troupes. Mais honnêtement, si vous voyiez, vous, un (éminemment respectable) chevalier brandir son sabre devant vous en invoquant son panache blanc, le suivriez-vous spontanément ?

Les collaborateurs opérationnels se mobiliseront s'ils « achètent ». Nous allons donc les considérer non plus comme des fantassins qu'on entraîne derrière soi, mais comme des clients, les clients du projet stratégique. Mettre en œuvre une stratégie, c'est la leur vendre ; ou plus précisément, la leur faire acheter.

Les sept clés suivantes reposent sur ce concept simple : la recherche permanente de ce que les collaborateurs sont prêts à « acheter ».

Les entreprises ont su développer des batteries de méthodes pour vendre. Elles segmentent les clients, étudient les usages, analysent les besoins, créent des offres personnalisées, définissent des modes d'emploi, testent et font évoluer rapidement leur offre. Pour vendre en interne – sous prétexte qu'on paye et « commande » ceux que l'on doit convaincre, les pratiques sont beaucoup plus indigentes. Nous proposons de rétablir l'équilibre.

1. Pour vendre, il faut partir de la réalité des clients, de leurs besoins, de leurs usages, donc bien les connaître. On étudie les clients externes, beaucoup moins les clients internes. Les Japonais parlent de la « Gemba ». Il s'agit de coller systématiquement à la réalité du terrain.

2. Pour vendre, il faut commencer par dire ce que le client a envie d'entendre – tous les publicitaires vous le diront. Que veulent entendre les collaborateurs ? Je n'achète

quelque chose que si j'ai l'impression d'y gagner. Que vais-je y gagner ? C'est ce que nous appellerons le « sens ». Au-delà du « pour quoi » global, il faut y revenir sans cesse, pour chaque action, pour chaque chantier. Il ne coule jamais de source.

3. Vous souhaitez que vos clients achètent vos produits et services – ici que vos collaborateurs achètent votre projet stratégique et s'y investissent. Et pour cela vous devez les aider, les soutenir, les rassurer quand ils trouvent la marche trop haute ou quand ils ont le trac. Le patron soutient sa base, comme Hercule soutenait le monde. Cela s'appelle « inverser la pyramide » de l'entreprise. Pour qu'ils réussissent… et avec eux votre projet.

4. Aucun produit ne se vend sans un solide accompagnement – communication, publicité, promotion, soutenues bien entendu par des modes d'emploi clairs, des notices, des hot lines, etc. Ni sans un savant dosage de planification : telle offre avant telle autre, plutôt lancée au moment des fêtes de fin d'année, etc. Pourquoi les collaborateurs, clients du projet stratégique, seraient-ils privés de ce qu'on considère comme un B.A.-BA de la vente ?

5. On peut bien promettre la lune à ses clients, il faut également leur montrer du concret, leur donner des preuves le plus vite possible. Il en est de même des collaborateurs. Une stratégie doit donner des gages, montrer qu'elle marche, apporter rapidement des « petites victoires » qui sans cesse donnent envie d'aller chercher les grosses.

6. On lance rarement des offres nouvelles sur le marché sans les avoir testées à petite échelle, pour pouvoir ajuster le tir. Quand on pense « changement », en revanche, on pense souvent « révolution du grand soir », « réorganisation », annonce *urbi et orbi*, événement… A-t-on pris le temps de tester les messages, les mesures qu'on annonce, les actions qu'on lance ? A-t-on vérifié qu'elles faisaient « mouche », et qu'elles sauraient mobiliser efficacement, bref que les clients allaient « acheter » ?

7. Quand on lance une offre, on est obnubilé par son succès, par les chiffres des ventes, par les réactions du marché. Quand on déploie un projet, un nouvel applicatif informatique, un nouvel outil, une procédure... c'est tout juste si on va même s'intéresser à son succès dans la « vraie vie » !

Chacune de ces clés sera présentée en trois temps :

❖ les enjeux de la clé : pourquoi nous en parlons, ce qu'il y a à y gagner – et à perdre si on ne s'y investit pas ;

❖ les méthodes, les principes : le niveau de détail dont vous aurez besoin dépend de votre projet, mais les principes sont les mêmes d'un projet à l'autre ;

❖ vos leviers d'actions : concrètement, ce que vous pouvez faire vous-même.

Chacun de ces trois temps sera illustré par des situations (toutes réelles) dans lesquelles vous pourrez retrouver, nous l'espérons du moins, des réalités familières.

Clé 1

_____

Un appui permanent sur la réalité

Nous l'avons vu dès le début de la phase de préparation, une mise en œuvre est d'autant plus rapide qu'elle répond aux réalités de la « vraie vie ». Il en est de même à toutes les étapes du projet.

L'enjeu : taper juste !

Un contresens peut coûter cher...

« Vous avez beaucoup trop de sites industriels, martèle le nouveau président face au directeur général de la division. Vous allez me réduire tout ça ! »

Des consultants parcourent les sites, évaluent, remplissent des matrices, analysent les portefeuilles d'activité, identifient les marchés et montent au siège chaque quinzaine pour un « point d'avancement au plus haut niveau ».

Quatre mois plus tard, le rapport est remis au président. Il faut spécialiser trois des huit sites de production européens et en fermer quatre autres, en Italie, dans le sud de la France, en Allemagne et dans le nord de l'Espagne. C'est délicat, le plus gros client de la division compte sur le site espagnol pour développer ses volumes d'affaires.

Le site français se trouve dans un fief communiste et une fermeture deviendrait rapidement une cause nationale. Le site allemand gagne de l'argent, et personne ne comprendrait qu'on le ferme.

Un nouveau venu du comité de direction résume la situation : « En gros, nous devons fermer tous les sites de la division qui marchent, et faire en sorte que les autres s'améliorent drastiquement. Là, il va falloir être fort pour l'expliquer aux équipes... »

L'aventure de la stratégie industrielle de la division est terminée. Elle n'a consisté qu'en une analyse, et l'analyse est finie. Les consultants sont partis, ils ont bâti leur étude sur la base de leur intelligence, sans se soucier de ceux qui devraient la mettre en œuvre, de leur réalité, de leurs savoir-faire. Le rapport restera sur quatre étagères du groupe (compte tenu de son caractère hautement confidentiel).

La réalité est têtue, l'expérience montre qu'on la méconnaît. Au moment de mettre en œuvre, il s'agit déjà de reconnaître cette méconnaissance et de mettre en place les capteurs nécessaires. Comment vais-je pouvoir identifier précisément le terrain, ce dont il souffre, ce qui le ferait avancer ? Comment vais-je pouvoir ajuster les mesures que je prends, les évolutions que j'impulse ? Sur quoi vais-je appuyer mes propres messages, la manière dont je communique ?

Éviter les loupés...

Ça grogne, dans l'unité. Le climat social se détériore, les syndicats reparlent salaires et temps de travail, la grève n'est pas loin. Un jour, en visite dans une agence, le directeur général apprend que les collaborateurs n'ont plus de papier depuis trois mois. Il s'en étonne, en parle à d'autres, découvre que le problème est récurrent – général, même !

Il fait une courte enquête au siège. En effet, depuis trois mois, le papier n'est plus livré aux agences. Pourquoi ? Parce que « le budget papier est atteint » lui annonce Serge Ancheff, le responsable des fournitures, tout fier d'avoir tenu son objectif. Les collaborateurs utilisent le verso des contrats imprimés – ce qui coûte beaucoup plus cher à l'entreprise et bourre les imprimantes non programmées pour cette épaisseur de papier.

« Mais pourquoi diable n'ont-ils rien dit ? » peste le directeur général. Les responsables d'agence ont bien signalé le problème à leur chef. Mais systématiquement, face à ce problème insignifiant, les chefs ont répondu : « Tu nous fais suer, avec ton papier ! ». Et il n'est jamais remonté plus haut.

Si vous, dirigeant, n'êtes pas régulièrement sur le terrain, vous ne connaîtrez jamais la réalité.

La méthode : être sur le terrain, bien sûr !

Chacun de nous pense qu'il connaît « le terrain ». On y est parfois passé soi-même, on est « proche des gens », on en entend déjà beaucoup rien qu'en allant à la cantine, on a un réseau de « capteurs » fidèles et sûrs, qui remontent toutes les informations… Pourtant la réalité est souvent loin de ce qu'on imagine. L'illustration suivante est éloquente.

Il ne s'agit pas ici de critiquer qui que ce soit. Le terrain ne connaît pas grand-chose non plus des sujets de la direction générale, qui du reste communique peu sur ses soucis (de trésorerie par exemple) qui la mobilisent, à raison, plusieurs jours de suite. Cette double méconnaissance (du terrain par les directeurs, et de la direction par le terrain) génère incompréhensions et dialogues de sourds. Elle suffit à paralyser toute dynamique, tout progrès, toute… mise en œuvre.

Problèmes connus
de la direction générale

5 %

Problèmes inconnus
de la direction
générale

10 %

Problèmes connus
des chefs de service

75 %

Problèmes connus
des superviseurs

100 %

Problèmes connus
des simples employés

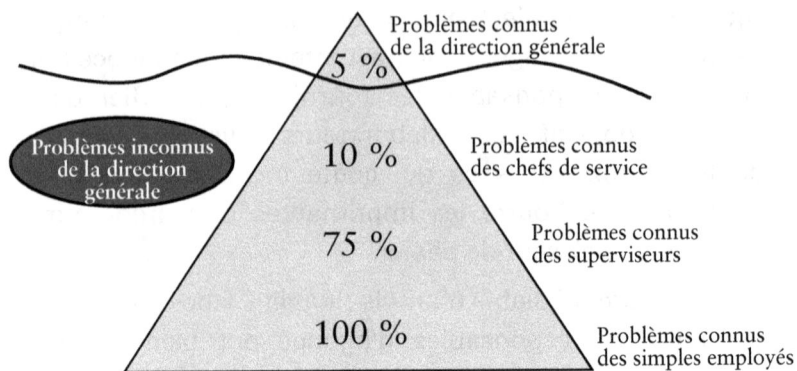

Adapté de *La dynamique du client*, de Richard Whiteley.

**Figure 5 – L'iceberg de la connaissance : la réalité du terrain
est généralement mal connue des directions générales**

En l'occurrence, la connaissance approfondie du terrain est fondamentale pour réussir une mise en œuvre. Et d'autant plus difficile à acquérir que chaque niveau hiérarchique fait écran.

La connaissance du terrain ne se délègue pas

Nous l'avons vu, vos cadres supérieurs ne peuvent pas répondre à la question « que se passe-t-il ? ». Ils fanfaronneront peut-être, les plus brillants vous donneront une idée ou une autre. Mais en réalité, ils n'en savent rien. S'ils savaient, ils vous l'auraient déjà dit, et peut-être même auraient-ils déjà résolu les problèmes. L'iceberg de la connaissance des directeurs montre qu'ils connaissent en moyenne… moins de 10 % de la réalité.

Vous, et vous seul, pouvez aller sur le terrain « voir » et « comprendre ».

Identifier les freins

Le cariste a fait tomber la boîte de composants électriques, plusieurs ont roulé par terre. Avec l'opérateur qui doit les monter sur des carters livrés en parallèle, il ramasse rapidement le tout et positionne la boîte à sa place sur le poste de montage. C'est justement l'heure du changement de poste. Le nouvel opérateur est vite débordé : les carters montés ne s'allument plus. Encore un problème de non-qualité fournisseurs...

La suite de l'histoire coule de source. La cadence n'est plus tenue, l'usine risque la rupture vis-à-vis de ses propres clients. Le responsable qualité élabore un plan d'actions, le directeur de l'usine pique une colère et déclenche un audit chez le fournisseur de carters... où l'on ne trouvera rien, puisque l'incident vient de la chute des composants.

Pour dire que l'identification des causes est généralement déterminante. Alors que seuls quelques-uns savent... souvent sans même savoir qu'ils savent.

« Il faut vendre des services à plus forte valeur ajoutée à nos clients ! », martèle Valentin Tamar, le directeur marketing. Il déroule une présentation savante de 50 pages de chiffres et d'argumentaires, et commande un branle-bas de combat général pour contrer les mauvais résultats de la branche.

« Mais le problème n'est pas là ! s'insurge Vivien Zyvoir, le responsable des ventes. Le problème, c'est qu'à force de tout vendre par Internet, nos clients ne viennent plus dans les boutiques. Nos commerciaux sauraient vendre des services à haute valeur ajoutée, mais ils n'ont plus de clients ! » Valentin Tamar répond par un haussement d'épaules.

Comment peut-on évoquer des sujets logistiques quand il s'agit de problèmes stratégiques ?

« Je suis passé pour un bouseux, soupire Vivien Zyvoir. Tamar est aussi autiste que je l'ai été. Nous avons perdu six mois à ne pas voir le problème. J'ai activé tout le monde, les chefs de département et les opérationnels. Personne ne m'a rien dit. En fait, ils ont honte, et le sujet est devenu tabou. C'est terrible, pour un commerçant, de ne pas avoir de clients et de ne pas savoir comment les faire venir. »

Il y a deux sortes de freins invisibles : les interdits dont on ne parle pas (souvent parce qu'ils touchent à une impuissance des patrons), et les hontes. Les vrais problèmes, les véritables freins à la mobilisation sont aussi souvent – malheureusement pour nous tous – les plus profonds.

Vos *leviers : vivre la « vraie vie »*

Allez sur le terrain… et déployez une écoute (très) active !

La découverte de la réalité n'est jamais terminée, simplement parce que la réalité change sans cesse. Allez voir les opérationnels, rencontrez-les seuls, en tête-à-tête, surtout pas avec leurs chefs ; vous verrez les chefs autrement ou ailleurs.

Écouter, c'est aussi « challenger ». Si vous vous contentez de demander « ce qui ne va pas », vous n'aurez que des jérémiades et vous rentrerez à votre bureau avec une « liste de commissions » invivable. Le but est, au contraire, de profiter de ces entretiens pour ramener à la fois une compréhension de la réalité et des leviers à votre main pour agir ou réagir. Vous pourrez challenger facilement le « Y a ça qui ne va pas » en renvoyant la balle : « Vous proposez quoi ? », « Que faudrait-il faire ? », « L'avez-vous dit à ceux que vous incriminez ? ».

Écouter, c'est surtout pousser son interlocuteur au-delà de son cadre quotidien pour en tirer le meilleur. Vous vous donnez la peine de venir voir la réalité qu'il perçoit au fond de lui-même. Vous allez le chercher là où il est, c'est-à-dire bien plus loin que là où il a envie de vous emmener. C'est pourquoi la relation en vis-à-vis est primordiale. Le risque sinon est qu'on vous « repeigne les lunettes ».

Vous tirerez au clair chaque sujet jusqu'à comprendre où le fonctionnement de l'entreprise est pris en défaut, et comment on pourra y remédier. En sachant que personne ne travaille mal par plaisir. Le système permet des non-qualités ou des démotivations, la paresse est certes un élément constitutif de notre nature humaine, mais très rarement la volonté de sabotage. Les « moutons noirs » (les méchants bloquants) ne sont pas plus d'un pour mille dans une structure.

L'écoute active : tant que les gens se renvoient la balle d'un service à l'autre, c'est que l'analyse n'est pas terminée

Tant que vous n'avez pas compris, tant que vous n'êtes pas allé au bout, tirez le fil. Comme chez Toyota, usez et abusez des « pourquoi ». Vous êtes à peu près le seul, à ce moment, à pouvoir dire sans crainte du ridicule : « Je n'ai pas compris ».

Au-delà de la compréhension de la réalité, vous allez chercher trois choses en particulier : les frustrations, les peurs et les ambitions. Les meilleurs points d'appui pour susciter un changement ou une évolution sont là. Vous allez chercher « là où ça fait mal », « là où ça serait mieux si », « là où on craint pour notre avenir », « là où on aimerait aller ». Si la mise en œuvre vise à apporter une réponse à « ce qui fait du mal » ou à « ce qui fait du bien », ils la prendront d'autant mieux en charge.

Organisez des « Vis ma Vie »

Le système d'information du groupe est un véritable casse-tête. Le nouveau directeur général est effaré. Quand un client entre dans une boutique, il ne faut pas moins de trois applicatifs sur trois postes de travail différents pour traiter sa demande. Un pour ouvrir un compte, un pour établir les demandes de travaux, et un pour sa facturation. Que faire pour simplifier la vie des commerciaux ? S'il demande des plans d'actions correctifs à ses informaticiens géniaux, ils sont capables d'embrouiller encore plus l'ensemble... Le DG a une idée : il rédige une note avec son directeur informatique, demandant à tous les informaticiens de passer obligatoirement une semaine par an dans une boutique !

Chacun a ses contraintes, ses ambitions, ses croyances, son génie. Mais rares sont ceux qui connaissent les contraintes des autres jusqu'à les prendre en charge. Pis : rares sont ceux qui se donnent les moyens de connaître ces contraintes. Donc, n'hésitez plus : institutionnalisez la reconnexion à la réalité !

Le but est précisément de savoir mettre tout le monde en situation d'écouter. Pour écouter quelqu'un de manière sûre, on n'a jamais trouvé mieux que de passer un moment avec lui, à partager sa vie. Il serait bien surprenant qu'en sortant de là vos collaborateurs n'aient pas d'idées utiles ! Et pour finir, faites-leur écrire un « rapport de découverte » formalisé, en leur demandant comment ils peuvent aider et ce que ce temps passé ensemble va changer pour eux.

Clé 2

Mettre du sens en toute action

L'énergie surabonde… il suffit d'une clé

« On gagne de l'argent, mais il faut faire plus, toujours plus pour un actionnaire qu'on ne voit jamais, des fonds de pension de veuves en Écosse ou en Californie… C'est à ça, que je sers ? J'aime ma boîte, je suis prêt à me défoncer pour elle, mais là, j'ai des doutes… Le patron veut qu'on grossisse, qu'on atteigne la "taille critique pour être plus fort". Mais ça veut dire quoi ? Comment sera-t-on plus fort ? Et plus fort en quoi ? On me dit sur un ton de reproche qu'il faut réduire les coûts. Je sais bien, je fais pareil chez moi, mais comment faire ? Je n'ai pas l'impression de jeter l'argent par la fenêtre… Et la qualité, le client pas content, scandaleux… Je sais aussi. Vous croyez que ça m'amuse, franchement, d'avoir l'impression de mal faire mon travail ? »

Et voilà comment, insensiblement, les entreprises d'aujourd'hui ont tellement de mal à mobiliser qui que ce soit pour quoi que ce soit. Voilà pourquoi les collaborateurs vont se battre pour gagner plus, travailler moins et rentrer chez eux le plus vite possible. Voilà comment certains vont aller jusqu'à refuser toute promotion hiérarchique – « Prendre un poste à responsabilité ? Vous plaisantez ! Il y a beaucoup trop de pression, et je gagne assez comme ça. J'ai mes priorités… »

Pourtant l'énergie surabonde dans l'entreprise. Sitôt la porte du bureau fermée, certains vont œuvrer pour leur association de retour à l'emploi (reconnaissons l'ironie). D'autres affluent spontanément pour nettoyer les plages quand un pétrolier vient se fracasser sur une côte. Quand une tempête dévaste les forêts et les lignes électriques, ceux-là même qui faisaient grève quelques années auparavant pour partir en retraite plus tôt se mobilisent pour rétablir le service. La différence ? Les événements leur donnent une cause à défendre, alors que leurs propres dirigeants ne leur en ont peut-être jamais donné d'aussi belle.

Vous avez une stratégie à mettre en œuvre ? Vous devez mobiliser vos collaborateurs et ceux des autres pour y parvenir ? C'est la plus belle expérience qui soit. Vous avez une énergie phénoménale, insoupçonnée à portée de votre main. Elle est comme la grotte d'Ali Baba : un trésor fabuleux, avec un juste « sésame » à trouver pour l'approcher.

L'enjeu : mettre vos collaborateurs en route, évidemment

Les responsables commerciaux des filiales font remonter un besoin unanime : on ne sait pas bien accueillir les clients. Mais les collaborateurs des points de vente, pour la plupart issus de la technique, ont du mal à être de vrais commerçants. Le siège répond rapidement : il engage un grand projet mobilisateur, qu'il baptise la « Client Attitude ».

Les grand-messes se succèdent, on explique qu'on veut améliorer l'accueil, on lance des « visites mystère », des prestataires vont coter sur le terrain la mise en œuvre de la « Client Attitude ».
Puis le siège élabore un questionnaire en 200 points pour faire une « enquête miroir » et l'envoie dans les points de vente avec pour seul commentaire : « Le questionnaire doit

remonter au siège la semaine prochaine ». Les responsables commerciaux en parlent, trouvent qu'on exagère, se rebellent, ne remplissent pas. La « Client Attitude » s'arrête net, simplement parce qu'on n'a pas assez pensé à la « Collaborateur Attitude ».

« Pourtant c'était clair, la demande venait du terrain ! » s'indignera un directeur du siège. Absolument. Ainsi, une idée excellente n'a pas pu suffisamment se démultiplier, alors que le terrain était demandeur. Mais qui leur a dit ? Qui a seulement pris le temps de faire le lien entre leur demande initiale et le questionnaire ?

Quand vous voulez mettre en œuvre, vous voulez une mobilisation, une rapidité, une performance au service de votre stratégie. Les collaborateurs vous donneront si vous leur donnez. Si quelqu'un sait pour quoi il fait les choses, il sait également comment se positionner, quelle posture adopter. Il peut développer les bons réflexes, adapter ses actions, sentir qu'il peut prendre des initiatives dans le cadre fixé sans se tromper et finalement atteindre un niveau de performance beaucoup plus élevé. Il peut même choisir de rester plus tard le soir pour remplir un questionnaire...

Un jour, un patron avait dit simplement à ses équipes : « Quand vous hésitez entre deux choix possibles, demandez-vous quelle alternative va le plus dans le sens du client ». C'était tout bête, mais ça en a aidé plus d'un.

La méthode : donner un cap qui suscite l'initiative

Le sens : le début du XXIᵉ siècle a bien repéré l'enjeu. « Trouver un sens à sa vie », « Donner un sens à l'action », « Chercher le sens » d'un événement, « Faire sens » comme disent les Anglophones… pourtant… on est encore loin du compte !

Le « sens », c'est à la fois la direction à suivre (le sens de la marche, le cap du navire), et la signification (le sens d'un mot, d'un événement ou de la vie). La mise en œuvre rapide passe par un travail sur chacun de ces deux « sens ».

Donner le cap : un « sens » lisible…

Les galères de jadis n'allaient jamais assez vite. Un jour, un armateur aussi inhumain que les autres mais plus clairvoyant eut une idée : il mit un miroir face aux rameurs. L'action n'était plus dictée seulement par les coups de tambour, mais par l'approche visuelle de la terre à l'horizon. Il a battu tous les records de vitesse.

De quoi avons-nous besoin ? De rameurs aveugles, ou bien de rameurs avertis, qui savent par eux-mêmes corriger une trajectoire ou un tempo en fonction des événements ? La première voie peut donner une illusion de pouvoir et de supériorité, mais elle exige impérativement une attention de tous les instants pour éviter rébellion ou relâchement. Le chef dans ce cas ne s'appartient plus, il ne peut plus rien faire d'autre que de tenir ses rameurs dont il devient finalement, par un intéressant retour des choses, l'esclave.

… et mesurable

L'entreprise de distribution a des clients en pagaille, mais peu de « bons » clients avec lesquels elle fait des affaires en continu. Les clients viennent dans les boutiques, ils achètent le service de base mais aucun service à valeur ajoutée. Pourtant la gamme est intéressante. Le responsable marketing fait ses calculs. Les clients achètent ailleurs – beaucoup. Si on parvient à les capter, on peut doubler les résultats. Alors il imagine le concept de « clients actifs ». L'entreprise l'érige en mot d'ordre : « Cap Clients Actifs ». En quelques semaines, toute l'entreprise en a compris le sens. Les collaborateurs savent même l'expliquer. Mais les résultats ne décollent pas. Un an plus tard, le nombre de clients actifs n'a augmenté que de 5 %. « Cap Clients Actifs » a mobilisé, il a fédéré, il répondait exactement à la problématique stratégique de l'entreprise. Mais cela n'a pas suffi.

Simplement parce que le nombre de « clients actifs » ne pouvait se mesurer qu'à la clôture trimestrielle, et l'information ne pouvait être transmise qu'un mois après. L'ambition était claire, mais les collaborateurs opérationnels ne pouvaient pas la piloter. Votre ambition doit avoir un retentissement palpable, chiffrable, pilotable par chacun et à tous les niveaux. Si la formule ou l'algorithme qui calcule les résultats est trop complexe ou pas assez lisible, la mise en œuvre sera beaucoup plus laborieuse. Mobiliser un collaborateur signifie qu'on va lui donner les moyens de voir que s'il tire sur une manette, il peut engager un progrès, faire du résultat, progresser vers la « lune » ou la « cathédrale ».

Les résultats véritablement lisibles et mesurables ne sont pas légion. Ce sont des délais, parce qu'on sait dire de manière indiscutable si un délai est tenu ou non (ainsi ont procédé le projet Apollo : « avant la fin de la décennie », ou le « 48 heures chrono » évoqués plus haut), et ce sont des nombres, nombre de clients, nombre de ventes, nombre de transferts de données par minute (comme pour le « Delta Minutes » de France Télécom).

Permettre de comprendre pour inciter à l'initiative

« Notre train arrive à Paris, son terminus ». Les passagers remballent leurs affaires, certains se lèvent et vont attendre près de la porte. Le train s'arrête avant le quai, le contrôleur reprend : « Notre train est arrêté en pleine voie, pour votre sécurité veuillez ne pas ouvrir les portes ». On soupire, s'adosse aux sièges. Une minute passe, puis une autre annonce : « Par suite d'un problème de trafic, nous allons stationner 4 à 5 minutes ». On se rassied. Le train repart. Certains – moins que la première fois – se relèvent.

Chacun sait se positionner, dès qu'il sait. Il y a autant de comportements que de personnes. Soit, mais qui génère le plus de chaos : un train où l'on permet à chacun de se positionner, ou un train sans annonce, où l'on se lève et finit par rugir comme des lions en cage quand les portes ne s'ouvrent pas ?

Donner du sens, c'est éclairer la route. Expliquer où l'on en est, où va le monde. Clarifier l'environnement, montrer comment, si on ne fait rien, on risque d'être en difficulté. Même quand tout va bien – surtout quand tout va bien. Personne ne voit l'intérêt de changer, mais une fois de plus, c'est là qu'on peut changer avec le moins de souffrance, sans la pression de l'incontournable.

« Mais on ne va pas tout leur expliquer, quand même ! » Sans doute. Mais si une information est utile à la mise en mouvement, on va prendre le temps de l'expliquer. Ouvrir la porte des comptes, des enjeux commerciaux, des contraintes financières, des parts de marché, des segments de clientèle. Tout ceci reste beaucoup trop confiné aux experts ; qui plus est, avec le verbiage associé. Vous allez faire « parler les chiffres ».

« Mais si tout le monde se met à savoir, chacun va faire à son idée ! » Non, c'est un contresens. Quand un collaborateur ne comprend pas, vous le forcez à fonctionner à 10 ou 20 % de ses capacités. Il suit les ordres ou les attend. Il prend des risques injustifiés.

Un collaborateur déploie exactement l'énergie nécessaire à ce qu'il a compris : s'il a compris le sens, l'énergie qui permet de mettre en œuvre ; s'il ne le voit pas, l'énergie qui lui permet d'éviter de se faire virer. À expliquer, vous ne générez pas d'anarchie, vous accélérez l'autonomie. Vous donnez du pouvoir au lieu de l'exercer seul ; c'est bien ce que vous voulez, quand vous dites que « chacun doit mettre en œuvre », non ?

Vos leviers : permettre à chacun de s'approprier l'initiative

Du SWOT[1] au « SO WHAT »[2] : faites parler les chiffres

Quand vous faites un diagnostic ou une analyse stratégique, vous trouvez généralement des flopées de chiffres, des tableaux comparatifs et des camemberts dans tous les sens. Les outils d'analyse et les supports ne manquent pas, du SWOT aux matrices BCG ou McKinsey. Mais comment y dénicher le sens qui mettra en mouvement ?

D'abord, demandez des analyses « qui parlent », des thèses compréhensibles. Nous allons le voir de suite après, la plus grande vertu d'une analyse est dans la mise en mouvement qu'elle suscite, au moins autant que dans ses résultats. Vous pourrez demander, par exemple, de raisonner en : « Que se passe-t-il si on ne change rien ? » ou : « Quel risque a-t-on à ne pas faire ? », etc.

Puis demandez aux collaborateurs eux-mêmes. Surtout ne cherchez pas à inventer quoi que ce soit, eux seuls peuvent vous dire ce qui leur parle. Testez vos thèses, soumettez-les leur et voyez comment ils réagissent ; par exemple, au « groupe projet » évoqué au deuxième chapitre. Vous allez voir émerger le sens, ils vont mettre des mots, des couleurs. Ou lors de vos entretiens individuels, lorsqu'une de vos thèses recoupe un thème qu'ils abordent. Vous verrez ce qui les met en route, ce qui porte, ce qui... fait sens !

---

1. SWOT : *Strengths, Weaknesses, Opportunities, Threats*. L'analyse des forces, des faiblesses, des opportunités et des menaces de l'équipe ou de l'entreprise, pour établir son diagnostic stratégique et définir ses pistes d'évolution les plus porteuses.
2. *So what* : et alors ? Quelles conséquences a tel ou tel constat ? Quel sens puis-je donner aux chiffres, quel « pour quoi » puis-je leur associer ?

Communiquez en « refaisant le film » à chaque fois

Encore une fois, plus chacun peut comprendre vos intentions, mieux il saura se mobiliser ; plus il pourra comprendre en quoi il y gagne, et plus il démultipliera votre propre action.

Le seul véritable piège ici est de considérer que sous prétexte qu'on a compris, tout le monde va accepter. L'appropriation du « sens » obéit à une règle implacable : celle du « Z » (*cf.* ci-dessous). Pour susciter l'appropriation, vous devez impérativement refaire le « film » de vos propres découvertes – même en accéléré. Montrer sur quels faits vous vous êtes appuyé ; quels chiffres étayent votre projet ; quels diagnostics vous ont conduit à formuler telle ambition. Quand vous demandez quelque chose à quelqu'un, vous avez le choix : soit vous lui dites « fais ça », et il faudra vous impliquer vous-même pour que « ça » se fasse ; soit vous lui repassez le film, et il fera spontanément.

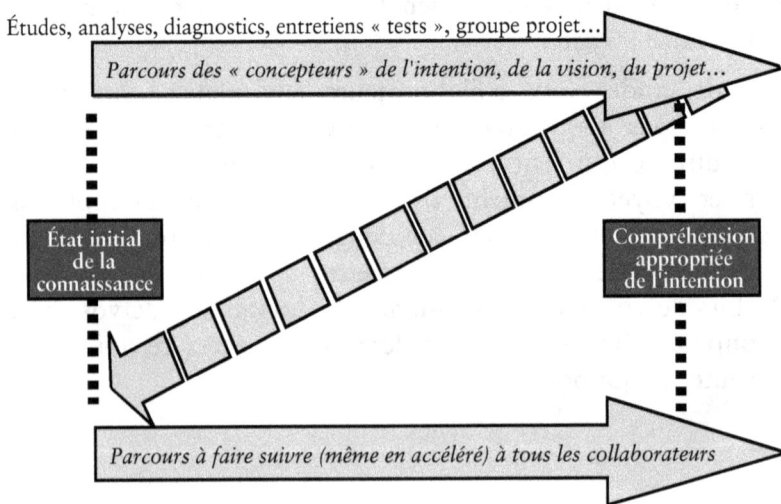

Figure 6 – Le « Z » de l'appropriation par la communication

La même règle du « Z » prévaut d'ailleurs dans l'autre sens, quand vous voulez, vous collaborateur, proposer une évolution à votre supérieur hiérarchique. Si vous lui présentez le résultat « sec », il commence bien souvent par le refuser.

Chacun de nous, quel que soit son niveau, a besoin du « film ». Mieux : de se sentir soi-même dans le film. Si vous parvenez à ce que chacun voie le film et en soit le héros, vous avez gagné votre mobilisation.

Assurez la cohérence des signes et des actions avec le sens

Une fois que vous avez partagé au niveau le plus large le sens de l'évolution que vous ambitionnez, il n'y a plus qu'un seul impératif : garder la ligne, c'est-à-dire rester cohérent.

Aucune de vos actions ne devrait être déconnectée du sens. Si vous vous êtes donné la peine de projeter une « cathédrale » à bâtir, c'est justement pour éliminer tous les « il faut qu'on » qui encombrent les plans d'actions sans véritable valeur ajoutée. Une mise en œuvre réussie s'appuie sur le lien permanent au « sens », de manière à souligner à tout moment l'importance de l'action par l'impact qu'elle aura. Un plan traditionnel de 200 actions s'étiole rapidement. S'il est dirigé de manière évidente vers un « sens » clair et partagé, il n'effraie plus personne.

Les actions doivent être cohérentes. Tout comme les indicateurs, les tableaux de bord, la manière dont vous pilotez, dont vous questionnez sur les sujets, dont vous vous intéressez à leur avancement. Votre propre posture personnelle doit (plus que tout le reste ! Tel sera l'objet de la troisième partie du livre) être cohérente avec le sens. Le sens, désormais, vous l'incarnez.

Clé 3

_____

La pyramide inversée

Le réflexe le plus naturel, pour mettre en œuvre, consiste à passer par les hiérarchies intermédiaires pour porter le projet, et procéder par cascades successives jusqu'à la base. L'expérience montre, au contraire, que la rapidité d'une mise en œuvre passe par l'appui permanent, continu, à ceux qui doivent la réussir.

L'enjeu : soutenir les opérationnels pour qu'ils réussissent votre projet

La réussite d'une mise en œuvre, nous l'avons vu, passe par les opérationnels, les agents au guichet, les vendeurs au contact du client, les ouvriers de la base. Ils constituent votre premier facteur clé de succès.

Que votre projet vise au développement commercial, au développement de nouveaux clients ou à l'accroissement du chiffre d'affaires ou des marges ; à mettre en place un nouveau système d'information à l'échelle de la planète ; à développer un nouveau professionnalisme d'innovation, de réduction des coûts, une démarche qualité, un nouveau système logistique. Qu'il s'agisse d'une fusion d'équipes ou d'entreprises, de redressement, peu importe. Les collaborateurs qui réussiront votre ambition sont généralement nombreux, dispersés et en bas de l'échelle hiérarchique. Vous savez – parce que vous l'avez construit ainsi (*cf.* chapitre 2) – qu'ils ont compris le sens de votre projet et qu'ils y adhèrent. Il faut encore les accompagner et les soutenir.

> Pour aider les vendeurs à réussir leur nouveau challenge, une « fonction d'appui » a été créée. Elle est chargée d'imaginer de nouveaux modes de fonctionnement, d'élaborer de nouvelles procédures, de mettre à disposition l'outillage nécessaire. Six mois après, la nouvelle équipe a créé une « bible » sur l'Intranet, et se met à submerger les vendeurs de demandes de reportings sur les résultats obtenus. « Celles qu'on appelle les "fonctions d'appui" ont tout compris, conclut un vendeur d'un air un peu goguenard : elles nous appuient dessus. »

Les besoins de soutien de ceux qui mettent en œuvre sont légion, les exemples donnés jusqu'ici en témoignent : les imprimantes sans papier, les trois applicatifs sur trois postes de travail différents pour traiter un client, le système d'information non ergonomique, les demandes de reporting incessantes pour « vérifier qu'ils font réellement ce qu'on leur demande », les productivités bloquées indûment par d'autres directions…

Chaque fonction de l'entreprise s'ingénie à s'opposer au mouvement – sans doute pour affirmer son existence au monde ; ou à créer de nouveaux outils, de nouvelles procédures, des incontournables qui tombent inévitablement sur les opérationnels, les enlisent, les paralysent. Et avec eux la mise en œuvre de votre projet.

Ils iront beaucoup plus vite à construire leur « cathédrale » s'ils sont libres et en bonne santé que s'ils ont des boulets à chaque pied, un sac de cailloux sur le dos et une rivière à traverser à chaque fois. L'enjeu – votre enjeu pour permettre à votre projet de réussir – est justement de les libérer de tous ces fardeaux ; d'identifier les freins et de les éliminer, de leur simplifier la vie ; d'expliquer, de clarifier sans cesse ; de rassurer ceux que le changement effraie (la peur constitue un poids gigantesque pour un projet) ; d'inciter, d'encourager, de « souffler sur la braise » qui ne demande qu'à s'allumer.

Vous libérez d'autant plus les énergies que vous savez identifier et éliminer les dysfonctionnements qui les paralysent. Mais vous faites beaucoup plus : vous leur montrez qu'ils sont entendus, compris, soutenus. Et c'est irremplaçable. Tel est l'objet de la « pyramide inversée ».

La méthode : inverser la pyramide, mettre l'entreprise en soutien de ceux qui font

Le président annonce à l'ensemble des cadres un plan de rattrapage majeur sur le système d'information. L'ambition est simple : le mettre au service – enfin – de ses utilisateurs pour leur simplifier la vie et les rendre efficaces. Il vient de désigner Isidore Courwit pour diriger le plan. Il lui donne un an, jour pour jour, pour réussir. Il termine en disant : « Mais attention : nous sommes tous solidaires d'Isidore. S'il nous demande de lui cirer les chaussures en nous prouvant que c'est indispensable pour réussir le plan de rattrapage, alors nous lui cirerons les chaussures. Moi le premier. »

Si le projet est véritablement essentiel pour une fonction ou une entreprise, le patron et toute l'entreprise doivent être au service de ceux qui vont devoir atteindre l'ambition fixée. Tel est le principe de la pyramide inversée. La structure pyramidale traditionnelle de l'entreprise n'est pas remise en cause : le comité de direction reste à la pointe, les opérationnels à la base. Mais la pyramide « porte » cette fois ceux qui doivent atteindre l'ambition.

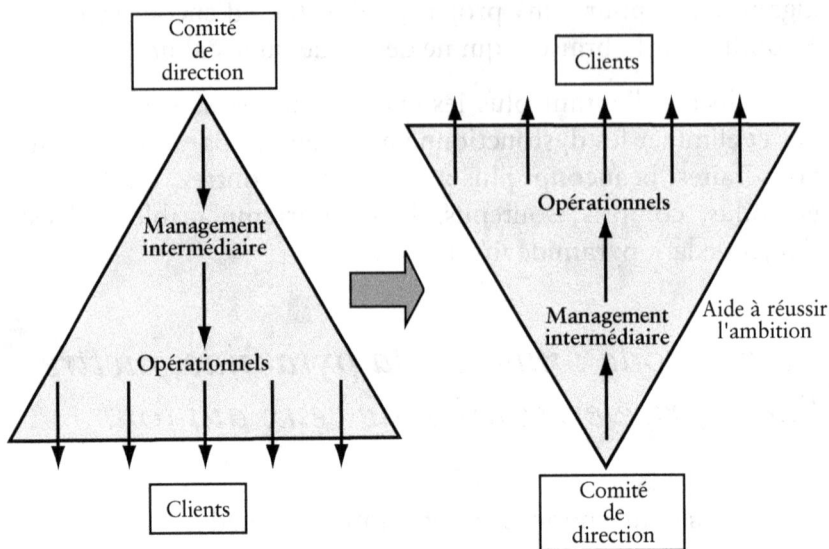

Figure 7 – Inverser la pyramide pour lever les freins

Vos leviers : créer une alliance avec la base et rassurer le management intermédiaire

La mise en œuvre de tout projet passe par trois modes d'action parallèles :

1. Définir des objectifs « cathédralesques », c'est-à-dire audacieux, différenciants et réalistes, qui vont donner une vraie fierté, et les incarner au quotidien, les tenir dans la durée.

2. « Souffler sur la braise » opérationnelle. Comme avait dit un grand patron, un jour, quand les équipes opérationnelles lui rapportaient que leur management ne leur laissait pas prendre telle ou telle initiative : « Je ne vous incite pas à la révolte... mais il y a un peu de cela quand même. »

3. Rassurer sans cesse les hiérarchies intermédiaires sur leur rôle, leur indiquer clairement ce qu'on attend d'elles.

Avec une ingénierie de communication adaptée à ces trois modes d'action.

Vos leviers sont résumés sur le schéma ci-dessous, qui positionne les principaux acteurs :

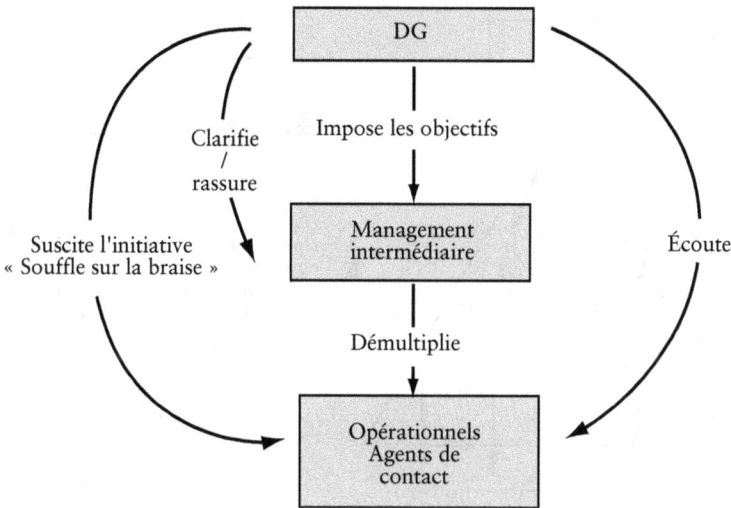

Figure 8 – Une alliance de fait entre la direction
et la base opérationnelle, et la réassurance permanente
de la chaîne hiérarchique

Affichez des objectifs « cathédralesques » et orientez toutes les actions vers leur atteinte

Si vous avez défini un projet différenciant, l'ambition et les objectifs que vous avez fixés exigent forcément de faire autrement, plus vite, plus efficace, mieux. L'entreprise en « pyramide inversée » est là précisément pour cela.

Au lieu d'assommer les opérationnels avec des nouvelles procédures, des outils et des reportings, vous allez orienter toutes les fonctions génératrices de procédures, d'outils et de reportings vers le soutien à ces opérationnels, comme le montre le schéma plus complet suivant. En clair, les procédures, les outils et les reportings doivent venir comme des réponses à leurs besoins pour atteindre cette ambition que l'entreprise leur fixe par ailleurs.

Passer de « l'agent de contact est soumis à toutes les contraintes du siège » …

… à « l'entreprise est au service de l'ambition, donc de l'agent de contact »

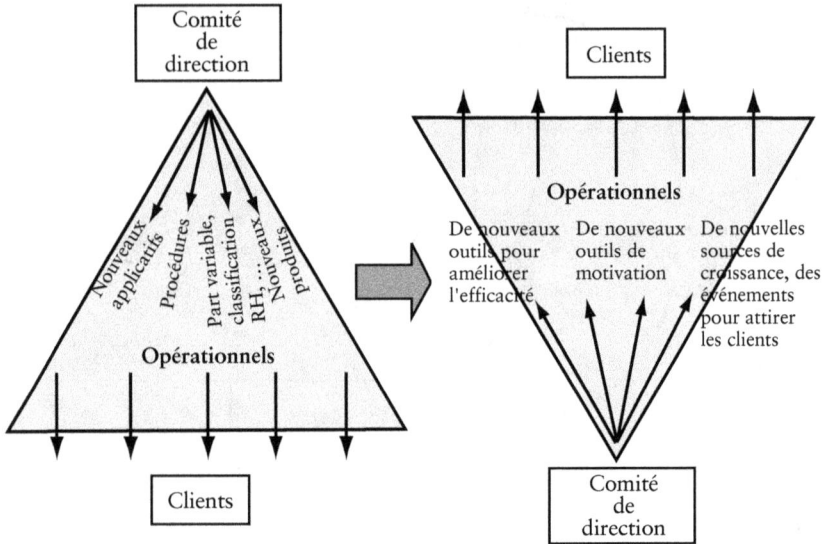

Comité de direction

Clients

Nouveaux applicatifs

Procédures

Part variable, classification

RH, …

Nouveaux produits

Opérationnels

De nouveaux outils pour améliorer l'efficacité

De nouveaux outils de motivation

De nouvelles sources de croissance, des événements pour attirer les clients

Opérationnels

Clients

Comité de direction

Figure 9 – Mettre toute l'entreprise au service de l'ambition, c'est-à-dire de ceux qui vont devoir la réussir

Créez une alliance de fait avec ceux qui vont devoir réussir la mise en œuvre

Tout projet implique une transformation, un changement de repères ou de pratiques. L'expérience montre qu'un vrai changement ne se fait pas contre la base opérationnelle. Ce principe a l'air simple, il est pourtant l'un des moins bien partagés dans le monde actuel. On prend un malin plaisir à partir du principe inverse : le changement doit se faire contre la base, il doit être douloureux et survenir après des négociations laborieuses.

C'est là l'un des contresens les plus courants de nos modes d'action (et la plus grosse erreur de la plupart des dirigeants politiques). L'opposant à un changement n'est jamais à la base. La base sait, la base espère le changement, elle l'attend – ne serait-ce que pour la libérer de tous les gâchis, des « faire et refaire », des imprécisions qui lui compliquent la vie au quotidien. La base comprend dès qu'on prend le temps de lui expliquer.

Le changement ne se réussit que lorsqu'il y a compréhension, connivence, alliance de fait entre la base et le sommet de la pyramide. Votre véritable challenge est de détecter l'endroit précis où l'intérêt de la base rejoint le vôtre. C'est ce que vous avez fait à travers le « Parcours Réalité » (chapitre 2), en construisant votre projet, et en créant un sens ancré dans les besoins réels du terrain (Clés 1 et 2). La base opérationnelle ne peut qu'être votre alliée. Vous devez le savoir, elle doit le savoir également.

Juste une précision au passage : il s'agit bien de créer une connivence avec ceux qui mettent en œuvre, et non pas exclusivement avec leurs représentants institutionnels. L'avis des représentants du personnel est essentiel et doit être écouté avec attention et considération. Mais les besoins à prendre en charge sont d'abord ceux du personnel qui va mettre en œuvre.

Réassurez le management intermédiaire

Depuis des années, les collaborateurs réclament une meilleure visibilité sur leurs évolutions de carrière potentielles. Quels projets professionnels peuvent-ils envisager ? Quelles passerelles sont possibles entre les métiers de la production et ceux de la vente ? Quelle chance ont-ils d'évoluer dans l'entreprise ? La DRH finit par construire un « Espace Professionnalisation » en ligne sur l'Intranet.

Il décrit les métiers de l'entreprise, les compétences qu'ils requièrent, les passerelles existant de l'un à l'autre et les parcours de formation associés. Six mois plus tard, stupeur : quand on passe demander sur le terrain qui est allé voir et qui s'en sert, on découvre des yeux écarquillés, des regards furtifs, et des collaborateurs qui griffonnent rapidement l'adresse Intranet de l'Espace.

En réalité, les hiérarchies locales n'en ont jamais parlé. Mettre ces informations à la disposition de leurs collaborateurs leur faisait simplement peur.

Les plus gros freins à toute transformation ne sont pas à la base, ils sont dans les structures intermédiaires. Ce n'est pas très surprenant. Les managers intermédiaires sont responsables de « faire tourner la boutique », de gérer le quotidien, de réussir les objectifs. Votre projet, quel qu'il soit, les projette dans un nouveau référentiel dont ils ne connaissent pas encore la puissance. Alors ils s'accrochent à l'ancien référentiel, le leur, celui qui a fait ses preuves.

Aujourd'hui, la tension sur les objectifs est souvent extrême. Les managers ne sont pas dupes, ils savent qu'ils seront d'abord jugés dessus. On appelle cela la « force de rappel ». Il n'est pas faux de dire : « L'encadrement doit déployer les plans d'actions et faire passer le changement associé. » Mais c'est illusoire. La hiérarchie pilotera en effet les plans d'actions, mais elle ne portera jamais le changement, parce qu'il l'effraie ou ne correspond pas à ses priorités.

Le changement, c'est de faire évoluer les pratiques de la structure intermédiaire, dans l'intérêt de l'entreprise vécu à travers la base opérationnelle.

La mise en œuvre va donc s'opérer par une « prise en tenailles » (bienveillante, mais déterminée) des hiérarchies intermédiaires. Vous les ferez basculer par une triple action :

❖ « par le haut », en les orientant par des objectifs adaptés au changement que vous impulsez ;

❖ « par le bas », en suscitant la créativité et l'initiative au niveau opérationnel ;

❖ et en direct, en les rassurant sans cesse et en clarifiant le rôle que vous attendez de tous les managers.

Vous allez passer beaucoup de temps avec vos managers intermédiaires. Les inviter à des petits déjeuners, les écouter, leur expliquer, les responsabiliser. Il n'est pas confortable pour eux de se trouver pris dans de telles tenailles. Ils méritent de grandir, eux aussi.

Clé 4

Les « oreilles de Mickey »
Des méthodes de déploiement pensées dès l'élaboration des solutions

On a l'habitude de penser « un problème, une solution ». Nous sommes câblés ainsi, formés et sélectionnés depuis la plus tendre enfance. Mais la vraie vie n'est pas faite que de problèmes et de solutions. La mise en œuvre doit intégrer aussi les situations, les ambitions. L'expérience montre qu'il faut prendre le sujet par les deux « oreilles » en même temps : la conception du « quoi » (la solution), et la définition du « comment » (le mode de déploiement et d'accompagnement).

Les enjeux : éviter de devoir tout refaire… en situation de crise

Dans les agences, les clients font la queue pour des opérations à faible valeur ajoutée qui mobilisent les collaborateurs. Alors les directeurs du siège imaginent des « Bornes Libre-Service » automatiques, comme il en existe dans les gares, les aéroports ou les banques. Ainsi le client n'aura plus à faire la queue, et les agents au guichet pourront se focaliser sur du conseil à plus forte valeur ajoutée, donc plus rentable.

Les fonctionnalités sont définies, les automates sont instal-
lés, et… c'est la panique ! Les automates restent désespérément vides, les guichets désespérément pleins. Comme, en
plus, le grand patron a décidé de diminuer le nombre
d'agents pour payer ses automates, les files d'attente
s'accroissent, les clients sont mécontents et le personnel
gronde.

La solution était pourtant bonne, pour une fois l'installation
des automates s'est bien passée. Le siège s'est mobilisé sur la
conception, mais il a oublié deux autres composantes majeures du déploiement de toute action : l'accompagnement et
l'ordonnancement du changement.

La méthode : préparer le déploiement en même temps que la conception

L'expérience montre qu'une mise en œuvre sera d'autant plus
rapide que quatre dimensions (cf. figure suivante) auront été
pensées en parallèle dès le démarrage de chacune des actions
de votre projet.

La conception se fait spontanément

Les équipes cherchent des solutions, élaborent des concepts et
elles trouvent (en général). La dimension « conception » est
généralement bien prise en charge, nous n'allons pas insister.

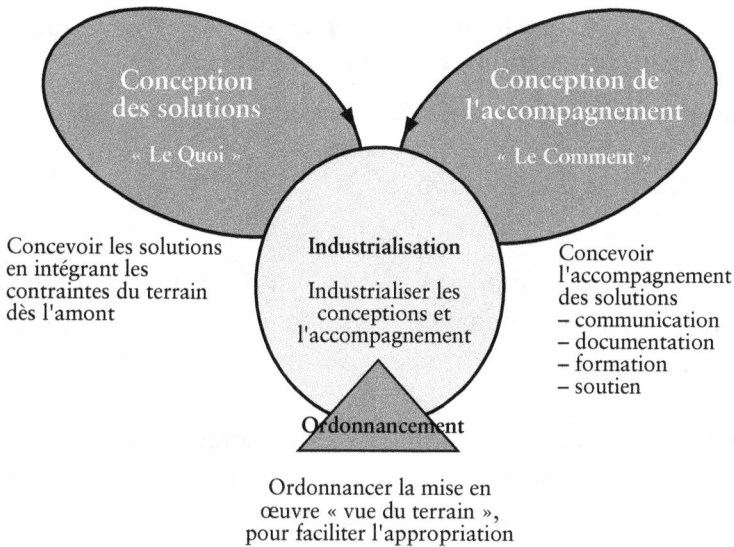

Conception des solutions

« Le Quoi »

Conception de l'accompagnement

« Le Comment »

Concevoir les solutions en intégrant les contraintes du terrain dès l'amont

Industrialisation

Industrialiser les conceptions et l'accompagnement

Concevoir l'accompagnement des solutions
– communication
– documentation
– formation
– soutien

Ordonnancement

Ordonnancer la mise en œuvre « vue du terrain », pour faciliter l'appropriation

Figure 10 – Cadencer les conceptions et industrialiser les modalités de mise en œuvre

Penser accompagnement et « conduite du changement » en même temps

La Poste décide de changer ses tarifs. La décision est validée en conseil des ministres. Quelques mois plus tard, les nouveaux tarifs entrent en vigueur. Quand vous allez à votre bureau de poste on vous dit : « Ah non, nous n'avons pas reçu les nouveaux timbres » (ou les nouveaux tarifs). Et l'on vous inonde de timbres à 1, 2 ou 5 centimes pour faire la différence. La mise en place était pourtant prévue depuis des mois.

Il ne s'agit pas de critiquer qui que ce soit, surtout pas les agents du guichet, qui subissent et doivent pallier à la fois le manque, les retards et le mécontentement des clients.

Simplement on a pensé « nouveaux tarifs », « nouveaux horaires », comme dans l'entreprise on a pensé « nouvelle procédure », et on a oublié l'accompagnement.

Pour éviter de telles pertes de temps et d'énergie, vous devrez veiller à construire systématiquement le « mode d'emploi » en même temps que la solution.

Le groupe a fortement évolué en l'espace de quelques années. Acquisitions de filiales nouvelles, multiplication des joint-ventures… Ses métiers éprouvent de plus en plus de difficultés pour échanger efficacement de l'information en toute sécurité. L'infrastructure informatique doit être renouvelée. Il est décidé de faire appel aux derniers standards du marché et de remplacer tous les postes de travail.

« Le déploiement des postes ne coûtera rien, affirme un consultant : c'est du Zéro touch ! ». En effet, les logiciels sont censés s'installer tout seuls, par téléchargement.

Ah oui ? Et le reste ? Qui s'occupe des formalités douanières ou fiscales ? Que se passe-t-il quand le camion arrive à la porte de l'usine en Slovénie avec des centaines de terminaux ? Où sont-ils stockés ? Qui les manutentionne jusqu'au bureau de chacun ? Quels sont les gestes techniques à faire ? Dans quelle langue forme-t-on les utilisateurs – vous avez bien prévu de les former, n'est-ce pas ? Que fait-on des vieux postes ?

Un nouveau chiffrage est réalisé en prenant en compte les aspects de déploiement. Surprise : la mise en place coûte… aussi cher que la conception elle-même !

Cela peut d'ailleurs être considéré comme une règle d'expérience : la mise en place coûte au moins autant que la conception (près de trois fois autant dans certains cas).

Dans les livres, il y a des camions qui arrivent à l'heure et des installations « Zéro touch ». Dans la vraie vie, il y a des postes de travail à déballer et à monter par ensembles cohérents, des bureaux à trouver dans des déménagements permanents, des embouteillages et des ascenseurs en panne, des câbles trop courts et des prises électriques mal placées, des emballages à redescendre… et tout le reste. Si l'on n'a pas pensé et anticipé, demandé par exemple de geler tout déménagement quinze jours avant le déploiement, on est en difficulté.

Toute étude stratégique, toute analyse, tout projet devrait inclure son mode d'emploi. C'est l'une des limites habituelles des réformes politiques ou d'entreprise. « La commission Machin (Machin étant une sommité et ses commissaires des gens très bien) a rendu ses conclusions au Premier ministre ». Des conclusions éminemment intelligentes, fines, suivies de recommandations d'actions. Mais rarement de « mode d'emploi ».

Or on n'obtient jamais le résultat de ses intentions ; on obtient le résultat de ses manières de faire. On gagne ou on perd dans les modes d'emploi. L'étude brillantissime finit sur une étagère, au mieux a-t-elle servi de remue-méninges. Une analyse recèle tellement plus de pouvoir que les révélations qu'elle porte.

Une action, quand on n'a pas un accès direct et simple à tous ceux qui vont la mettre en œuvre, ne peut se décliner que si elle est complète. Elle doit comporter quatre dimensions :

- ❖ sa finalité (le « pour quoi » mobilisateur) ;
- ❖ son contenu (le « quoi », ce qu'il faut déployer) ;
- ❖ les vecteurs de déploiement (le « comment », quel accompagnement, quelle communication, quelles formations, quelle information…) ;
- ❖ l'ordonnancement (le « quand » : qui va-t-on mobiliser d'abord ? Révolution du grand soir ? Phase de test avec bilan puis généralisation ?…).

L'ensemble devant être « robuste » aux différentes configurations du terrain de mise en œuvre, comme nous allons le voir à présent.

Industrialiser le changement

« Industrialiser », voilà un vilain mot dans un livre sur la stratégie. Après avoir parlé de rêve, de vision... nous voilà arrivés à des termes d'un autre âge, que nos sociétés se hâtent de délocaliser, en même temps que leurs usines, vers les pays du lointain Est.

Comment Marc Hetting, l'un des tout premiers héros du premier chapitre, va-t-il parvenir à repositionner chacun de ses chefs de produits sur la nouvelle vision du métier qu'il a en tête ? Comment allez-vous mettre les 200 usines du groupe au nouveau standard de production, sachant qu'elles ont des tailles, des cultures, des histoires différentes ? Comment allez-vous décliner la nouvelle méthode de vente dans toutes les agences – les rurales comme les citadines, les minuscules comme les plus grosses ? Allez-vous travailler de la même manière avec toutes, sachant que toutes sont différentes ?

Les Américains sont imbattables dans les standards. Étant donné un concept, ils savent organiser le travail pour que chacun puisse rapidement le prendre en charge, quel que soit son niveau, sa localisation ou sa culture. Les succès planétaires de McDonald's ou de Coca-Cola ne doivent rien au hasard.

Tous ceux qui ont créé un nouveau produit le savent : l'industrialisation est essentielle ; il est inutile de concevoir un nouveau véhicule, une nouvelle offre bancaire ou un nouveau yaourt si on ne sait pas le produire. Il en est de même – d'autant plus – pour une nouvelle stratégie, une nouvelle organisation ou un système d'informations, dès lors qu'il s'agit de passer d'un « rêve » à une « réalité ». Quelle que soit la qualité de la solution conçue, on est loin d'avoir gagné la mise en œuvre si elle n'est pas adaptée au terrain qui reçoit le projet – à tous les terrains. Car « le terrain » est souvent multiple et divers.

Il y a des gros sites avec des structures importantes, et des petits sites uniquement opérationnels. Ici on pourra mettre en œuvre avec les ressources locales, là certainement pas. Il y a des collaborateurs habitués à travailler en mode participatif, d'autres beaucoup plus en attente de leur hiérarchie. La mise en œuvre de la nouvelle stratégie d'innovation sera fondamentalement différente. Etc.

> Georges Avançais a fait faire un pas décisif à son entreprise industrielle en la repositionnant comme une société de services. Elle livre désormais « en juste-à-temps », du « clés en main », du « sans couture », du « service compris ». En l'occurrence, il a reçu une commande pour équiper 1 500 km de ligne électrique à très haute tension dans un pays émergent. L'entreprise a construit une cinquantaine d'énormes équipements de plusieurs tonnes. Les délais sont tenus... jusqu'au moment où les machines arrivent sur place, à l'autre bout du monde. C'est la mousson, les rivières débordent et les ponts ne sont pas tous assez solides pour supporter le poids des machines... La conception des machines était pourtant géniale. Mais l'entreprise de G. Avançais a dû reculer.

Une industrialisation réussie, c'est celle qui permettra d'assurer qu'on a bien anticipé les 15 jours nécessaires à l'obtention d'un permis pour pénétrer sur un site ; ou que la nouvelle machine peut entrer par la porte de toutes les usines du groupe. Cette histoire de la porte trop étroite est devenue un gag. Une démultiplication, c'est le même gag multiplié par le nombre de personnes qu'elle touche, et ça devient rapidement une tragédie !

Il s'agit de prévoir tous ces cas, toutes les configurations du terrain – donc, déjà, les connaître. De rendre à la fois la conception et les modes d'accompagnement robustes à toutes ces configurations. Vérifier que le site a bien les ressources nécessaires pour absorber le déploiement – ou les compenser localement. S'assurer que les nouvelles méthodes de vente sont compatibles avec la culture locale ; que les nouvelles recrues « décentralisées du siège » auront bien un bureau. Vérifier aussi que la formation des collaborateurs a bien été traduite dans la langue locale et que les formateurs eux-mêmes parlent autre chose que le français ou l'anglais.

Un « concept » robuste, une méthode de déploiement éprouvée vous permettent d'oser le déploiement en parallèle partout. Vous gagnez un temps phénoménal – c'est-à-dire que vous maîtrisez votre délai de mise en œuvre.

Ordonnancer le déploiement « vu du terrain »

… C'est-à-dire en « pensant » le déploiement vu de ceux qui vont le mettre en œuvre.

La mise en œuvre de la nouvelle organisation a un calendrier serré, tous les sites doivent être déployés en même temps. Les agents d'accueil ont été formés pendant des semaines, les outils informatiques sont prêts, la documentation a été envoyée sur place la semaine dernière. La mise en œuvre du projet ne devrait pas poser de problème, on l'a déjà réalisée sur les plus gros sites de l'entreprise. Ici, pourtant, elle est stoppée net : à cette époque de l'année les clients affluent, le site beaucoup plus petit n'a pas de flexibilité de ressources comme ailleurs et les agents saturés sont déjà au bord de la grève.

Dans la plupart des entreprises, les « metteurs en œuvre » de tout bord se disent : « Ouh là là, le terrain ne veut jamais de changement, il va freiner, si je veux atteindre mes objectifs, j'ai intérêt à bétonner par le haut ».

C'est justement la raison pour laquelle il faut aussi construire une mise en œuvre « par le bas ». Si vous avez construit votre action en pensant « pyramide inversée », le terrain ne la rejettera pas. La mise en œuvre sera d'autant plus rapide qu'elle se fera au moment le plus favorable pour lui.

Ainsi donc, le groupe veut changer ses 40 000 postes de travail dans le monde. Comment déployer un tel projet ? Les responsables du siège se disent logiquement : « On va commencer par l'Asie et déployer par zone géographique. » Or, toutes les branches sont représentées en Asie. Toutes les configurations doivent donc être prêtes simultanément. Est-on certain de vouloir maîtriser la triple complexité technique, logistique et géographique en même temps ? Peut-être aurait-on intérêt à déployer par branche, même s'il faut revenir plusieurs fois dans la même zone ?

Rien ne se fera contre la volonté étayée de ceux qui « font ». Si vous voulez mobiliser les énergies sur « comment faire pour ne pas faire sans que cela se voie », alors ne changez rien. Si vous voulez mobiliser les énergies pour « faire » sans réserve, s'emparer des sujets et les faire avancer, alors changez tout.

On peut pousser le raisonnement plus loin. La branche CAC est mobilisée sur un projet connexe, elle n'acceptera aucun changement de poste avant 18 mois, et le président la soutiendra dans sa position. Du coup... on peut repenser le planning technique en amont, et libérer la contrainte de développement des fonctionnalités pour la branche CAC.

Il est inutile de pousser sur le terrain ce que le président ne poussera pas « par le haut ». À l'inverse, si vous prenez le temps de construire le mode de déploiement en fonction des contraintes réelles, la branche CAC réalisera qu'elle est la dernière à basculer et... avancera beaucoup plus vite !

Ce cas illustre deux règles :

❖ Cadencer le travail à partir de ceux qui vont le mettre en œuvre. Le planning « vu du siège central » prévoyant de déployer le projet par zone géographique aurait conduit à des catastrophes.

À l'inverse, le planning « vu du bureau qui doit recevoir le poste » indique les contraintes à respecter, les opportunités, les logiques. Le projet doit s'insérer dans le planning des unités réceptrices. Il doit faire sens pour les collaborateurs, être cohérent avec leurs besoins du moment.

❖ Une planification « par le terrain » permet de repenser le planning amont et de desserrer des contraintes des concepteurs. Les fonctionnalités « amont » n'ont plus besoin d'être prêtes en même temps, les concepteurs n'ont plus à « tout sortir en même temps ».

À quoi bon développer des projets avant que le terrain soit en mesure de les accepter et de les mettre en œuvre ?

Les physiciens le savent bien : un écoulement newtonien, fluide, consomme beaucoup moins d'énergie et va beaucoup plus vite qu'un écoulement turbulent. Planifier « par l'aval », c'est justement favoriser les écoulements fluides. C'est aussi l'application des principes du « juste-à-temps » aux organisations. Cela requiert simplement de se déporter d'une logique « siège » ou « conception » et de se mettre à la place de ceux qui vont prendre en charge le projet. Vu la manière dont cette règle de bon sens est observée, on se dit que cela requiert un vrai talent ; et, sans doute, des profils particuliers.

Vos leviers : tirer par la mise en œuvre dès le début

Pilotez l'accompagnement et l'industrialisation

Les dirigeants, les comités de pilotage ont une tendance naturelle à se focaliser sur les conceptions, les solutions techniques à élaborer.

Le premier levier se situe donc dans l'équilibre que vous assurez entre l'élaboration des conceptions, l'accompagnement et la conduite du changement, et l'ordonnancement. Vous devez vous intéresser à chaque sujet.

En clair, vous allez « challenger » les solutions proposées dans leur capacité à être mises en œuvre. « Comment allez-vous déployer ? » ; « Le nouveau système de manufacturing à mettre en place à travers les 100 usines du groupe est génial, mais comment allez-vous mobiliser dans les différentes cultures ? » ; « Nous avons des usines d'assemblage et d'autres de fabrication de composants, comment distinguez-vous les grosses usines, celles des pays émergents, et les petites ? »... Tant que la démarche ou le « film » n'est pas clair, avec un découpage en scènes précises et des acteurs pour chaque scène, vous allez continuer à poser des questions.

Les concepteurs ne sont pas naturellement « câblés » pour penser mise en œuvre. Pire, ils la méprisent souvent. Pendant toute cette phase, ils risquent de se sentir harcelés. Puis ils vont devoir perdre la main. Avec une double difficulté : celle de voir partir leur « bébé », et les critiques qu'ils vont immanquablement recevoir. Au moment où le terrain s'empare du projet, la réalité et les faits deviennent des arbitres impitoyables. La transition entre conception et mise en œuvre est propice aux crises.

Assurez l'équilibre entre « vue amont » et « vue aval », puis planifiez le déploiement

Les leviers pour ordonnancer les conceptions « vu du terrain » sont multiples – mais aucun ne constitue de panacée.

Le terrain opérationnel attend le changement... jusqu'à ce qu'il arrive. Là, les priorités quotidiennes, les urgences, les réalités limitent la capacité d'absorption. Comment intégrer ces contraintes en amont ? Même si vous arrivez à décider les concepteurs à prendre l'avis des opérationnels, vous aurez souvent du mal à mobiliser des opérationnels à le leur donner. Les opérationnels traitent souvent ce qu'ils voient, beaucoup moins « ce qui se prépare ».

Vous pourrez nommer, très en amont du projet et si son ampleur le justifie, un « Monsieur Terrain » qui assure la transition entre le monde du « papier » et celui de la réalité. Il participera aux réunions en sachant qu'un jour il devra assumer tout ce qu'il n'aura pas traité en amont. Vous aurez intérêt en tout cas, là aussi, à challenger les options prises dès le début du projet, à poser les bonnes questions sur les capacités d'absorption du terrain.

Le moment venu, vous pourrez commencer à planifier le déploiement, à en définir la tactique. Dans quel ordre engagerez-vous le déploiement ? Démarrerez-vous par les unités volontaires, pour minimiser les réactions de rejet, ou par les bastions leaders d'opinion pour faire basculer les autres ? Et qui assurera le déploiement ? Chaque responsable de site seul, ou à travers une équipe « commando » allant de site en site et pilotée en central ? À travers quel planning type, en passant par quels jalons, en opérant dans quel ordre, etc. ?

Puis vous commencerez par tester à la fois le contenu (les deux oreilles), et la méthode industrialisée (le visage de Mickey). Nous le détaillerons à la Clé 6.

Clé 5

La double spirale des victoires

L'enjeu : sortir du tunnel des promesses et donner des signes concrets

Vous avez lancé votre projet, annoncé la cible, sa logique, son « pour quoi » ; vous avez mis en place les équipes chargées d'élaborer les réformes à engager pour y parvenir. Vous l'avez fait en vous fondant sans cesse sur la réalité du terrain, en identifiant ses « vrais » freins et les actions à mener pour les lever. Vous avez pensé à chaque pas au « comment » en même temps qu'au « quoi ». Cette cinquième Clé va vous permettre d'amplifier la mobilisation.

Même si elle est maîtrisée, la conception (évoquée à la Clé 4) prend du temps. Quand vous lancez des groupes de travail ou des réformes, vous engagez un avenir plus ou moins lointain. Vous entrez dans la subtile dialectique de la promesse et de l'action. On veut bien vous croire, mais le quotidien reprend vite le pas. Lancer un projet, c'est entrer dans un tunnel. Le « Vous verrez quand on en sortira, ce sera formidable » suscite un : « Ah bon ? On va attendre, alors. »

Dans les bandes dessinées de notre enfance, le capitaine Haddock avait l'impression que la voiture n'avançait pas, il en descendait pour « aller voir » et se retrouvait le nez dans le sable. L'entreprise avance, la mise en œuvre de la stratégie progresse. Mais si je ne le vois pas, moi, collaborateur (qui ne suis pas capitaine), je n'ai pas trop envie de bouger non plus –

d'ailleurs ne risquerais-je pas de me retrouver le nez par terre aussi ?

Or, vous ne voulez surtout pas qu'ils attendent : vous voulez qu'ils agissent. On nourrit d'autant mieux une dynamique que chacun peut en voir les effets. Les équipes ont toujours besoin d'être stimulées, encouragées. Vous devez leur montrer que le bateau avance et que leur implication contribue à sa vitesse ; et les sortir en même temps du confort de l'immuable. Tout projet stratégique a besoin d'une crédibilité « terrain » renouvelée régulièrement.

La méthode : mettre en place une dynamique de victoires rapides tout au long du projet

Pour rassurer sur la progression, vous allez construire votre mise en œuvre en intégrant une double dynamique :

❖ un travail de réflexion et d'élaboration à plus ou moins long terme, qui mobilise des groupes de travail sur les chantiers et les grandes actions, et nécessite plusieurs réunions et des prises de décision complexes ;

❖ une dynamique de « petites victoires », certes de moindre portée, mais à visibilité immédiate, qui doit permettre à chacun de mesurer à son échelle le chemin déjà parcouru.

Dès la construction de votre projet (chapitre 2), vous avez pensé « double » : à ce qui doit être fait pour vous rapprocher de votre objectif ; et en même temps à ce qui va pouvoir se faire (et se voir) rapidement. Il faut continuer tout au long de la mise en œuvre. Mettez des « petites victoires » en exergue dans votre plan de communication. Elles vous permettront de faciliter l'appropriation du projet par la preuve (« regardez, ça marche, on avance »), et de donner des gages sur les bénéfices que chacun peut en retirer.

Les meilleures « petites victoires » sont celles qu'attendent les équipes, celles qui vont les soulager, leur faire du bien, les libérer de vieux boulets, de dysfonctionnements mille fois évoqués et jamais traités.

Cela peut être un plan de formation refondu, des stages obligatoires sur le terrain pour chaque collaborateur du siège (le « Vis ma Vie » évoqué à la Clé 1), des matériels obsolètes remplacés, un regroupement d'équipes, voire... du papier revenu dans les imprimantes !

De telles petites victoires ont un effet psychologique puissant. Elles montrent aux équipes qu'on les a écoutées, entendues, et qu'on s'occupe d'elles. Si je vois qu'on s'occupe de moi, que quelque chose change, je ne vais plus penser qu'« à côté, ils s'en foutent » ; et peut-être vais-je commencer à changer aussi, parce que « ça vaut la peine ». Elles vont alimenter le niveau d'énergie de la dynamique de changement ; pas tant sans doute l'énergie du travail que celle de l'envie qu'on y met.

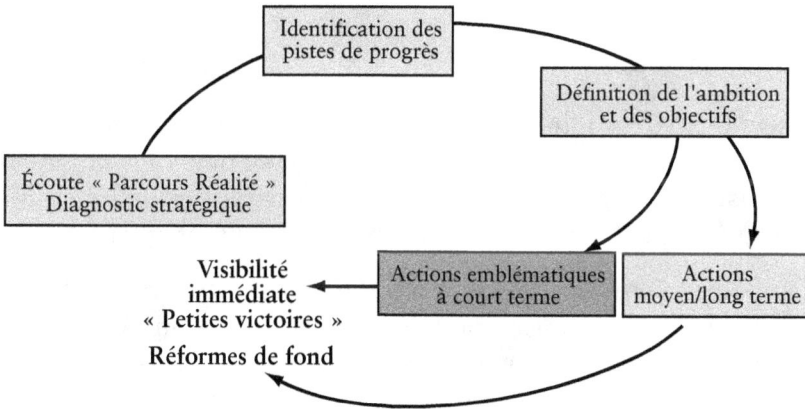

Figure 11 – Mettre en scène en permanence une dynamique de victoires à visibilité rapide, en parallèle avec les actions de fond

Vos leviers : mettre plusieurs fers au feu, et marquer les victoires

Planifiez les petites victoires à l'avance

Dès le démarrage, lors de la première planification de la mise en œuvre, pensez à la double spirale et intégrez des actions « facilitantes » et emblématiques. Ayez-en toujours dans votre manche, prêtes à relancer la dynamique.

Comme le groupe projet en amont (*cf.* chapitre 2), mobilisez les groupes de travail qui conçoivent les solutions, pour qu'ils proposent les « bonnes » actions à visibilité immédiate. Le but est de pouvoir accrocher, quasiment à intervalles réguliers, tout au long du tunnel de l'élaboration des nouveaux fonctionnements, des petites lumières qui rassurent et montrent qu'on est sur la bonne voie.

Faites la fête !

Plus vous voyez loin, et plus vous voyez le chemin qui reste à parcourir. C'est frustrant pour vous – parce que vous ne serez jamais arrivé. Mais c'est encore plus frustrant pour les équipes, qui ont sué sang et eau pour parvenir à un premier jalon.

Peut-être vivez-vous les mêmes sensations sur la route. Vous êtes pressé, vous foncez pour attraper votre train. Vous êtes tendu tout entier vers votre but – attraper le train. Vous êtes en retard, les embouteillages s'en mêlent, des gens devant vous se garent et immobilisent le trafic, des piétons traversent n'importe comment. Si vous avez le train, ce sera miraculeux. Un feu vire à l'orange, vous le passez d'extrême justesse, puis un autre. Vous montez dans le train juste avant que les portes se ferment. Le miracle a eu lieu. Vous allez vous asseoir, vous sortez votre téléphone et vous vous pressez pour passer des coups de fil urgents avant que le réseau se brouille. Vous avez déjà oublié le miracle de l'instant précédent, vous vous êtes remobilisé sur l'enjeu suivant.

Chacun de nous peut se permettre de garder la tête dans le guidon s'il le souhaite, de se mobiliser sur l'enjeu de l'instant et de s'en détourner dès l'enjeu atteint. Mais les équipes que vous entraînez, elles, se mobiliseront d'autant plus efficacement que les miracles qu'elles auront accomplis, que les objectifs qu'elles auront atteints, que les progrès qu'elles auront réalisés, seront reconnus comme des victoires.

Votre constante de temps de porteur du projet et celle du terrain diffèrent. Vous êtes focalisé sur le futur, (et c'est normal, c'est votre raison d'être), sur C ou D que vous devinez à l'horizon. Les équipes viennent d'atteindre B. Vous les ferez avancer si vous partagez leur échelle de temps – au moins un instant. Avant de les mobiliser sur C, vous devez reconnaître qu'elles sont arrivées en B. Savourez avec elles, et fêtez la victoire. « Il faut profiter du soleil tant qu'il brille ». Or il brille en B, même si l'on est encore loin du compte.

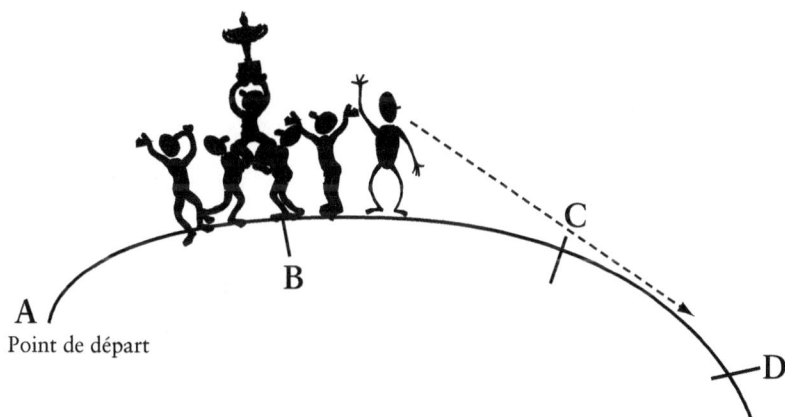

Figure 12 – Fêtez les victoires acquises pour valider la réussite… et la dynamique en cours

De toute façon les équipes s'arrêteront, elles. Vous avez peut-être vécu ces randonnées où, en avant du groupe, on s'arrête, puis repart dès qu'arrivent les derniers.

Si vous les mobilisez sur C sans attendre, vous les entendrez murmurer : « Encore ? Quand est-ce qu'il va nous lâcher les baskets ? ». Ou bien : « Plus on en fait, plus il en veut ». Vous risquez le décrochage. D'un côté, c'est flatteur : « Avec moi, au moins, ils bougent ! ». En fait, ce n'est qu'à moitié vrai. À ne pas venir vivre la victoire avec eux, vous perdez aussi la maîtrise du temps qu'ils vont y passer. Si vous célébrez avec eux, au contraire, vous contrôlez le temps d'arrêt, et vous vous assurez de leur écoute pour la suite.

La communication de votre projet a deux composantes majeures : l'explication du projet (la clarification inlassable des nouveaux modes de fonctionnement à mettre en place), et les (petites ou grandes) victoires.

Clé 6

Tester et itérer rapidement

L'enjeu : rendre robustes à la fois la solution et la démarche de mise en œuvre

Au moment de mettre en œuvre, vous avez le « quoi » technique, vous avez le discours du « pour quoi » pour intéresser et mobiliser, vous avez des dispositifs d'accompagnement. Vous avez « industrialisé » vos solutions, les avez rendues robustes (*cf.* Clé 4). Le test consiste à mettre le tout en situation pour voir en vraie grandeur comment le terrain reçoit le changement et s'en accommode. Plus vous avez de différences de sites, de personnels, de cultures… et plus l'étape de test est indispensable.

Force est de constater qu'on n'aime pas tester. On préfère avoir tout pensé, tout préparé, et puis mettre en œuvre d'un seul coup, un soir, une nuit, un week-end. Un nouvel organigramme. Un nouvel applicatif informatique. Une nouvelle stratégie. Un nouveau référentiel de production ou de vente. On n'aime pas « montrer » tant que tout n'est pas parfait.

En fait, on prend un risque maximal. Le plus petit raté, le moindre bogue, la cloison qu'on n'avait pas prévue ou le gardien qui s'est absenté précisément à ce moment-là – pas de chance – et les effets « boomerang » peuvent être dévastateurs.

La méthode : tester chacune des composantes

Tester à chaque étape

Le test que nous proposons ici n'est pas une recherche de go/ no go. Il ne s'agit surtout pas d'un couperet binaire. Le test constitue d'abord un dispositif d'apprentissage et de mise au point. C'est sans doute pour cela qu'il est si souvent court-circuité ; on a du mal, parfois, à admettre qu'on apprend, quand on est censé détenir la vérité. Et puis on n'a jamais le temps !

Vous devez accepter que tout ne fonctionne pas du premier coup. Tester, c'est s'autoriser à revenir sur ce qu'on a cru, pensé, imaginé, pour le parfaire et le compléter si nécessaire. C'est se donner de meilleures chances de réussir – sans perdre de temps à tout reconstruire en cas d'écueil imprévu. C'est accepter aussi d'écouter les « plus modestes ».

Le test sécurise la mise en œuvre à chaque étape :

❖ en amont, vous avez testé vos thèses, votre diagnostic, les leviers que vous entendiez actionner, pour mesurer leur pouvoir d'entraînement et l'« appétence » de vos équipes ;

❖ au moment des prises de décision, vous testez à nouveau les solutions que vous voulez faire valider. Vous rencontrez les décideurs qui devront avaliser vos orientations, allouer des ressources, modifier les pratiques au sein de leurs propres équipes (le « lobbying » préparatoire aux décisions). Vous faites converger les idées, vous mettez déjà en mouvement ;

❖ au moment de la mise en œuvre, vous allez tester pour vérifier que les solutions « marchent ».

Tester le quoi et le comment

Reprenons les « oreilles de Mickey » de la Clé 4. Nous avons insisté sur la nécessité de concevoir le dispositif d'accompagnement (de communication, de documentation, de formation...)

en même temps que la solution à mettre en place, et celle d'industrialiser l'ensemble.

Le test doit porter sur le même ensemble. Vous allez tester à la fois le produit et la méthode :

- ❖ le « quoi » pour déboguer les solutions et leur dispositif d'accompagnement ;
- ❖ le « comment », la démarche de mise en œuvre ou de déploiement, pour vous assurer que tout est prêt pour accueillir le « quoi ».

Pour reprendre des termes communs dans l'industrie, vous allez tester des « prototypes » de la solution, et des « pilotes » de la méthode.

On pense rarement à distinguer les deux tests. Ils s'adressent pourtant à des populations différentes.

- ❖ Les tests « prototypes » permettent aux concepteurs de s'assurer que leurs conceptions (solutions et accompagnement, les deux « oreilles de Mickey ») s'intègrent bien dans un environnement réel. Vous aurez intérêt à choisir pour terrain de test un site restreint pour limiter les risques.
- ❖ Les « pilotes » permettent de vérifier le caractère industriel de votre démarche de déploiement, c'est-à-dire la capacité à démultiplier en sécurité votre mise en œuvre. Ces tests intéressent d'abord l'équipe qui va mettre en œuvre. Pour tenir compte de la réalité du terrain, vous pourrez segmenter ce dernier, si nécessaire, en plusieurs typologies de déploiement et procéder à autant de validations.

En général, on pense aux « prototypes ». On oublie les « pilotes » (ou on les détourne de leur but) beaucoup plus fréquemment.

Vos leviers : intégrez les tests au projet

Intégrez le test au planning et dans la programmation des ressources

Dès l'amont de la mise en œuvre, partagez avec les équipes et les décideurs la nécessité impérieuse des tests. Que chacun sache que le « filet de sécurité » existe. Construisez-le avec eux. Qu'il fasse partie du dispositif et qu'il soit correctement planifié !

Mettez en place les systèmes de recours

Toute mise en œuvre comporte des risques. Même si sur le papier tout est prêt, on n'est jamais à l'abri d'un couac ou d'imprévus.

Les concepteurs craignent souvent qu'on « appuie sur le bouton ». Une fois venu le moment d'arrêter les tests et de déployer, ils réclament un complément de délai pour améliorer, encore et encore, les solutions ou l'industrialisation de la méthode de déploiement. Il vous revient de trancher – parfois contraint par les délais – et de prononcer la fin de la mise au point, même si tout n'est pas parfait.

Pour limiter les risques, vous pourrez mettre en place un dispositif de recours. Ce dispositif n'est pas appelé à perdurer, seulement à assurer le soutien aux unités opérationnelles au démarrage et lors des premiers déploiements. Il peut s'agir d'une « hotline » de déploiement, d'une équipe volante d'intervention rapide, d'un responsable à l'écoute... Il vous permettra de déployer beaucoup plus sereinement, et *in fine* plus rapidement.

Les structures pérennes sont généralement peu formées à ce type d'assistance. Du reste, elles ne sont pas dimensionnées pour et, dans certains cas, « le standard explose » ! Les changements de version informatique ou téléphonique constituent de bons exemples : au moment où clients et collaborateurs ont le plus besoin d'aide, les SAV sont débordés et ne répondent plus. D'autant que leur formation est souvent récente, et leur expérience sur les nouvelles solutions bien réduite.

Il ne s'agit pas de trouver instantanément une solution à chaque problème. Il s'agit de montrer qu'on écoute, qu'on est présent aux côtés de ceux qui mettent en œuvre. La présence de ressources disponibles et qualifiées constitue toujours un facteur majeur de dynamique. Il s'agit déjà – au moins – de montrer que non, « tout le monde ne s'en fout pas » et « qu'on n'est pas tout seul à ramer »...

Conservez le dispositif projet !

Une fois les tests « prototypes » et « pilotes » réalisés et les modifications nécessaires intégrées, le déploiement va se passer de la « meilleure manière possible » – mais sans doute pas « comme un long fleuve tranquille ».

Nous tenons ainsi à conserver le dispositif projet en place – la direction du projet et le comité de pilotage – tant que la mise en œuvre n'est pas achevée. Rien n'empêche de donner d'autres missions au directeur de projet en parallèle, ni de réunir le comité de pilotage de manière beaucoup plus espacée. Il va s'agir pour eux :

❖ de continuer à cadencer la mise en œuvre sur les sites ;

❖ de gérer et de réguler le rythme de déploiement et l'allocation des ressources, prestataires inclus, pour éviter les périodes de vide ou de surchauffe ;

❖ de rendre les arbitrages nécessaires en fonction des contraintes de chaque site, de chaque équipe ;

❖ de suivre à la loupe les réalités du terrain, de débusquer les mines potentielles, d'anticiper les crises. Et en retour, d'articuler les niveaux d'expertise amont pour résoudre ce qui ne l'a pas été et adapter les conceptions lorsqu'un imprévu l'exige.

Puis, enfin, le même dispositif projet pourra prononcer la fin du projet. Il s'agira d'organiser un dernier jalon, celui du bilan.

Avec :

❖ l'identification des compétences qu'on a acquises et qu'on va capitaliser ;

❖ et surtout une liste des points de vigilance pour les structures qui reprennent le projet.

Mais ce bilan sera d'autant plus riche qu'on aura correctement « bouclé la boucle » tout au long du projet.

Clé 7

_____

Boucler la boucle

L'enjeu : aller au bout

« J'avais demandé que chaque unité déclenche un programme de réduction des coûts, tempête Gérard Pairdu, le directeur des achats du groupe. Des trois unités que je viens de visiter, aucune ne l'a mis en place. Ça veut dire quoi ?

– Mais... s'étonne son responsable productivité... J'ai diffusé la note à tout le monde, je vous assure ! Je dois même encore avoir mon mail, il est explicite... »

G. Pairdu a manqué sa cible. Il s'est contenté de faire produire une note – sans doute très intelligente. Mais une note, un outil, un applicatif ne changent jamais le monde. Ils sont comme une bouteille à la mer. Peut-être quelqu'un les trouve, ou peut-être pas. Il faut du temps, et justement vous n'en avez pas.

Même s'il avait élaboré des supports documentaires fournis, dispensé des formations et organisé l'accompagnement idoine des unités, le responsable de la productivité ne serait pas allé au bout. L'ambition de G. Pairdu était clairement de diminuer les coûts, pas de produire une note et de former des responsables.

Celui qui déclenche l'action a toujours l'impression qu'il suffit de demander pour que les choses se fassent. Déjà quand il est le patron, c'est difficile. Quand, en plus, il est fonctionnel, il peut partir du principe que les choses ne se feront pas spontanément.

Les freins au changement, les résistances à vaincre, les « adhérences au passé » sont nombreux (*cf.* Clé 3) :

* la solution peut ne pas satisfaire les attentes ;
* les opérationnels eux-mêmes peuvent ne pas comprendre le but de la manœuvre et retourner « faire leur travail » ;
* le management intermédiaire peut bloquer, par crainte ou par défaut de priorisation. Ce dernier point étant – et de très loin – le plus sensible de tous.

La mise en œuvre n'est sécurisée que lorsque les mesures prises et les solutions élaborées ont été non seulement décidées, mais aussi comprises et appropriées par le terrain. La mission de chaque responsable de « mise en œuvre » s'achève quand son objet est entré dans les mœurs, quand les équipes l'ont pris en charge. Pas avant.

La méthode : « boucler la boucle »

Quel que soit le changement entrepris, vous devez mesurer rapidement si vous avez atteint votre but ou pas. En particulier :

* comment le changement est perçu au niveau le plus opérationnel ;
* comment il est compris et intégré ;
* quels premiers services il rend – ou pas.

Le responsable du projet Poilagratter a décidé de déployer dans toutes ses agences le nouvel applicatif de vente. Il a pensé à tout : la formation, les modes d'emploi, l'accompagnement, la mesure des résultats...

Après quelques semaines, le verdict tombe : Poilagratter n'est pas utilisé. On cherche à comprendre. « Les directeurs d'agence ne sont pas dans le coup » assène le directeur du marketing. Que faire ? Donner l'ordre, menacer, faire pression ? Se taire, parce qu'on a d'autres priorités ? Demander des comptes ? Dire qu'« on est très déçu par l'irresponsabilité collective » ?

Le directeur général va s'en assurer lui-même. Au milieu d'une conversation, il demande à des responsables d'agence : « Alors, Poilagratter, ça donne quoi ? » La réponse est instantanée : « rien ». En leur tirant les vers du nez, ils finissent par reconnaître que la formation théorique était très bien, mais qu'on ne leur a jamais montré un écran d'ordinateur. Aujourd'hui, quand les vendeurs ont un souci avec l'outil, ils ne peuvent même pas les aider. Ils ne sont pas crédibles, donc ils ne portent pas l'outil.

Le déploiement d'un projet tient à une multitude de détails. On doit en prévoir le plus possible, et les six Clés évoquées jusqu'ici constituent une véritable mécanique. Mais elles seraient incomplètes sans la « boucle de rétroaction » de cette septième Clé, pour s'assurer que les effets produits sont bien cohérents avec les intentions et corriger les écarts au plus vite.

« Comme d'habitude on m'avait dit des bêtises », conclut le directeur général. Les structures du siège n'avaient rien vu, elles étaient prêtes à baisser les bras parce que « le terrain ne suivait pas ».

Le terrain est toujours preneur de ce qui l'aide. Si vous êtes convaincu qu'une stratégie, un produit, un applicatif, un service aide le terrain (et si vous avez suivi les recommandations précédentes vous avez construit l'outil, le projet et la stratégie pour qu'il en soit ainsi), alors il y a un bogue quelque part. Seul le « recollage » à la réalité vous dira où il se terre.

© Groupe Eyrolles

Les grands chefs ont mis la priorité sur la qualité du fichier clients. Ils ont décidé d'accorder un élément de rémunération variable à chaque vendeur sur le pourcentage de clients dont les coordonnées sont remplies. L'indicateur progresse de manière stupéfiante. Les chefs se frottent les mains, l'entreprise va enfin pouvoir travailler avec une base de données digne de ce nom. À la rentrée suivante, un employé du marketing découvre la supercherie : la base de données est à présent remplie d'adresses répétées sur des colonnes entières et de faux numéros. L'année est aux trois quarts entamée, la fraude est massive, le fichier pourri.

Qui dira que les collaborateurs manquent d'intelligence ? Quelles que soient les définitions, certains trouveront comment court-circuiter, contrevenir, dévoyer. Alors que les conceptions sont généralement faites sans malice (en tout cas la première fois !). La rémunération variable constitue sans doute l'exemple le plus illustratif de la nécessité de « boucler la boucle » au plus près.

Si vous pouvez identifier les dérapages, les dérives, les incompréhensions de toute sorte dès les premiers instants et réagir en conséquence, vous n'aurez perdu que très peu de temps dans la mise en œuvre. Vous aurez évité des réunions en cascade où l'on se renvoie la balle et monte des plans d'actions inutiles. Vous aurez surtout préservé la dynamique. Un « c'est n'importe quoi » sur le terrain peut avoir des conséquences dévastatrices sur la mobilisation et le rythme d'une équipe. Si « c'est n'importe quoi », à quoi bon s'activer soi-même !

Vos leviers : piloter chaque action jusqu'au « bout du bout »

Inutile de s'illusionner, la prise en charge de la mise en œuvre n'est jamais naturelle ou spontanée. Comme toujours en pareil cas, le rôle du metteur en œuvre, voire du patron, devient déterminant. Vous allez devoir tirer vous-même pour vous assurer que les objectifs sont bien atteints sur le terrain.

Intégrez la mise en œuvre dans l'action

Georges Finimontaf a produit un beau rapport qu'il a remis au directeur. Il est fier de son étude, de ses chiffres, de ses graphiques très parlants. Le directeur le félicite, il a bien travaillé. G. Finimontaf peut retourner à son travail quotidien, le directeur va « étudier le dossier ».

Faut-il poursuivre le cas ? Dire comment le rapport va peu à peu se laisser dépasser par la pile des urgences sur le bureau du directeur ?

Vous pouvez actionner deux leviers de base :

* intégrez systématiquement la phase de mise en œuvre dans le projet et responsabilisez le chef de projet. Acceptez aussi – attention, cela ne va pas de soi – qu'il continue à vous pousser tant qu'il n'aura pas atteint ses objectifs. Acceptez enfin de ne pas reprendre la main vous-même trop tôt…
* ne prononcez la fin de l'action qu'à l'atteinte avérée des objectifs.

Le syndrome ressemble comme deux gouttes d'eau à celui de l'innovation. Ce n'est pas très étonnant, l'innovation induit souvent de véritables changements dans l'entreprise. Faut-il pour autant que le chercheur s'arrête une fois l'invention faite et le brevet déposé ? On connaît des constructeurs automobiles « champions du monde des concepts cars », qui ne parviennent jamais à transformer leurs brillants essais dans la rue. Ou des inventeurs géniaux au chômage, parce que l'entreprise n'a jamais su tirer profit de leurs innovations.

Allez voir vous-même sur le terrain

« Oui oui, j'ai fait la présentation hier. La documentation a dû arriver dans les agences avant-hier et ça se passe bien », affirme Jean Suissure, le responsable local. Le directeur du projet ne s'en laisse pas conter. La réunion à peine terminée, il emmène Jean sur trois sites. Le responsable du premier lui confirme qu'ils ont bien reçu la documentation, « le carton est arrivé la semaine dernière ». D'ailleurs il est toujours dans le couloir, intact. Jean s'indigne, le directeur le rassure : « C'est toujours comme ça. Il faut juste venir voir. Maintenant, vous allez définir avec notre interlocuteur comment il faut faire pour déballer le carton et intégrer son contenu... »

Pour aller vite, il faut être présent au moment précis où l'on annonce la stratégie, à la réception du nouveau référentiel, du nouveau matériel, du nouvel applicatif, de la procédure. Le porteur de l'action doit impérativement y être physiquement (donc vous devez lui demander de « vous appeler immédiatement en sortant de réunion », pour vous assurer qu'il y a bien été !).

Pour de grosses mises en œuvre, vous pouvez aller plus loin et mobiliser l'ensemble des concepteurs, voire du comité de direction, pour être sur le terrain. L'essentiel est qu'ils regardent et qu'ils voient. L'intelligence surabonde, et la capacité de réaction aux problèmes manque rarement. Les dispositifs correctifs éventuellement nécessaires seront rapidement mis en place.

Engagez un retour d'expérience pour évaluer le « reste à faire »

Le projet s'achève quand les structures pérennes, les directions opérationnelles, les fonctions ont pris en charge le nouveau fonctionnement.

> Une unité spéciale a été créée pour traiter les plus gros clients du groupe. Elle regroupe les technico-commerciaux rattachés jusqu'ici aux concessions, qui n'arrivaient plus à traiter correctement ce segment de clientèle en forte croissance. Thierry Toire, le patron de la nouvelle unité, a du mal. Les concessions ne lâchent pas facilement leurs clients, il doit composer sans cesse, discuter, négocier... L'unité ne décolle pas.
>
> Le directeur général, qui a décidé de mettre en place la nouvelle unité, prolonge le mandat de l'équipe projet qui a préparé sa création. Il leur demande de faire un bilan approfondi de la mise en œuvre et de mettre en exergue tous les écarts par rapport aux objectifs initiaux. Ils travailleront ensuite avec Thierry Toire pour mobiliser tous les intervenants concernés et construire avec eux les actions correctrices nécessaires.

Quand on a mobilisé des équipes sur un progrès, la moindre des choses est de les faire continuer jusqu'à la mise en œuvre avérée. S'ils repartent dans leurs métiers respectifs avec l'impression d'avoir arrêté au milieu du gué, ils seront frustrés et guère rassurés sur la détermination de leur entreprise à réussir.

Le bilan, que certaines entreprises appellent aussi « retour d'expérience », vise à identifier tous les sujets non anticipés, les bogues, les ratés, les dérives, et à ajuster la mise en œuvre.

La « boucle bouclée » cède alors le pas à la spirale vertueuse bien connue du PDCA[1]. Le projet peut s'arrêter, on entre dans la « roue de Deming » du progrès continu.

Encore plus fort, mettez en place une équipe d'audit

Le groupe Garou a 200 usines dans 110 pays du monde, sur 5 continents. Pour unifier ses modes de management, de conception et de production, il vient de lancer son système « G-Way », un référentiel conçu depuis deux ans à partir des meilleures pratiques observées dans les sites. Chaque directeur d'usine a désormais obligation d'engager les plans d'actions nécessaires pour progresser selon les six axes de « G-Way ».

Le président Jean-Loup Garou voit vite venir l'obstacle : des priorités évidemment portées à la production quotidienne, peu de temps pour le progrès, le beau référentiel qui reste dans des classeurs sur des étagères... Il se voit déjà, portant seul le système et hurlant à chaque réunion qu'il faut appliquer « G-Way ».

Jean-Loup Garou n'hésite pas une seconde : il constitue une équipe de 15 personnes, dont la mission sera d'auditer très précisément chaque point du « G-Way » dans les 200 usines du monde. Les auditeurs lui feront un rapport dans les 24 heures et, lui, réagira instantanément pour signifier au directeur de site que son poste est en jeu.

L'audit et le contrôle constituent de bons moyens de « boucler la boucle ».

---

1. PDCA, « Plan, Do, Check, Act » ou « Planifier, Réaliser, Mesurer, Adapter », la roue du progrès continu chère aux qualiticiens.

En résumé

Nous voici parvenus au terme de cette deuxième partie. Ainsi :

❖ la « mécanique » projet vous a permis de responsabiliser des personnes sur les évolutions à conduire, de les pousser à la remise en cause et au challenge des pratiques traditionnelles et de les piloter ;

❖ la gouvernance vous a permis de faciliter l'appropriation par les structures pérennes des nouveaux fonctionnements, et de faire prendre les décisions par ceux-là mêmes qui vont les assumer ;

❖ vous avez poussé les équipes projets, responsables des actions transverses, à penser « mise en œuvre » dès le début, à identifier les leviers à actionner, à préparer la communication, la formation, l'accompagnement, la conduite du changement en même temps qu'elles concevaient les solutions à mettre en œuvre ;

❖ vous avez planifié les évolutions pour qu'elles fassent sens pour les équipes opérationnelles ;

❖ vous avez relancé la dynamique sans arrêt par des signes de victoires clairement mis en exergue et célébrés ;

❖ vous avez testé, expérimenté, validé à la fois les solutions et les protocoles de mise en œuvre ou de déploiement ;

❖ enfin, vous avez bouclé la boucle en réagissant le plus vite possible aux dérives et en poussant au progrès.

Force est de constater que la réalité est souvent fort éloignée de ces méthodes : structure projet faible (ou plan d'actions réparti dans les structures), gouvernance inexistante, conduite du changement pensée au dernier moment, absence de test (« que voulez-vous, on est pressé »), boucle non bouclée, constituent les pratiques les plus fréquentes. Avec les résultats (et les loupés) que l'on connaît.

À ce stade, vous avez évité les plus gros écueils qui font échouer une mise en œuvre.

Troisième partie

LA NÉCESSAIRE COHÉRENCE DE LA POSTURE PERSONNELLE

Un dirigeant témoigne :

> Un grand projet ? Nous en avons un, qui s'impose à nous de manière indiscutable et pourrait facilement nous mobiliser avec une vraie dynamique !
>
> Notre usine emploie près de 2 000 personnes, elle fait vivre toute la région. La tradition sociale y est particulièrement forte. Les ouvriers sont très attachés aux avantages acquis par la lutte et le combat, ils se mettent facilement en grève. En même temps, ils sont très fiers de leur usine. Quand après une grève ils décident de la reprise du travail, ils savent se mobiliser puissamment pour rattraper les capacités perdues. Et à notre grand étonnement, ils y arrivent !
>
> La principale menace qui pèse sur l'usine est la concurrence asiatique. Les Chinois développent des capacités considérables qui seront en service dans quelques années. On essaie d'anticiper la déferlante (les prix de vente sont beaucoup plus attractifs ici qu'en Asie), avec des plans pour la productivité et la qualité de service ; et un plan d'investissement majeur pour remplacer nos machines par des technologies totalement novatrices.
>
> Un projet comme celui-là constitue une vraie « cathédrale » ! Il confirme notre volonté de sécuriser et de développer l'entreprise. Pourtant l'ambiance est exécrable – au moins au niveau

de l'encadrement. Nous sommes sans cesse sur la défensive, en défiance, incapables de travailler ensemble sur ces enjeux qui pourtant le justifient.

Alonzo Rault, notre directeur général, est arrivé il y a trois ans d'une autre usine. Sûr de lui, tranchant, un peu paranoïaque aussi – toute initiative, tout propos lui est suspect. Il donne parfois la parole à ses collaborateurs, mais si vous répondez, il vous « casse », alors qu'il demande « un fonctionnement participatif » et répète sans cesse qu'« on se dit les choses, on parle vrai, on s'écoute ». Du coup, on rentre dans sa tanière et on se tait.

Certes, aucune personne n'a été déplacée, mise au placard ou remerciée. Mais nous vivons dans une peur permanente liée au climat, à la défiance, à une espèce de haine latente. Alors que notre projet exigerait, au contraire, une grande cohésion entre nous.

Transformer, c'est faire changer les choses en profondeur. On attendrait qu'Alonzo communique sur les grandes ambitions et suscite les idées. Mais nous fonctionnons essentiellement en silo. Il pilote tous les plans d'actions en direct avec chacun des directeurs concernés. Nous n'avons aucune visibilité d'ensemble. Au personnel, il ne dit rien. Ni sur la compétitivité – qui est pourtant une de nos ambitions affichées – ni sur l'emploi, ni sur l'évolution des effectifs. Il a répété plusieurs fois que nous avions « trop de structure », mais jamais nous n'avons eu de chiffre ou de calendrier. Cela alimente les rumeurs et déresponsabilise. On finit par se résigner, on ne demande même plus puisque « ça fâche ». On s'attend à un gros coup de massue, alors qu'on avait des marges de manœuvre avec des départs en retraite programmés.

Auparavant, le comité de direction était mobilisé sur une quinzaine d'indicateurs phares, pilotés à la culotte. Aujourd'hui, on n'en parle même plus. On se satisfait de « smileys » de couleur. À la maternelle, ce serait rigolo. Ici, nous avons la responsabilité de 2 000 familles. Si elles nous voyaient...

J'ai réussi à me procurer nos chiffres clés de cette année. Tous nos indicateurs sont dans le rouge. Ils se sont même dégradés par rapport à l'an dernier.

J'essaie de survivre, de durer plus longtemps qu'Alonzo. J'aime mon entreprise. Nous avons une forte culture technique, une vraie capacité de mobilisation, et un projet enthousiasmant. Avec un grand général, nous saurons rebondir.

– J'ai l'impression que la réussite de la méthode est très liée à la personnalité du dirigeant. Quelle posture doit-il avoir ? Et s'il n'est pas « câblé » comme cela, que se passe-t-il ?

– Vous avez raison. C'est la bonne question. Votre posture tout au long de ce projet est absolument déterminante.

Il ne s'agit pas ici de « formater » quiconque, mais simplement d'être cohérent avec la méthode. Vous avez acheté ce livre pour améliorer l'efficacité de la mise en œuvre. Or pour être efficace, il faut être cohérent.

Nous avons vu, en prélude aux sept Clés de la deuxième partie, qu'il s'agissait de considérer les collaborateurs comme des « clients » de votre projet. Il faut même aller plus loin : quand vous vendez un produit ou un service, vous pouvez vous contenter de toucher quelques pour-cent du marché. Quand vous voulez vendre un projet à vos collaborateurs, vous devez viser 90 % d'acheteurs.

Vous allez devoir adopter une posture de vendeur très particulière, parce qu'en même temps vous êtes le « chef », celui qui pilote la mise en œuvre : comment peut-on être à la fois « supérieur » et « à leur service » ? Si vous êtes trop cynique, on ne vous achètera pas. Si vous n'êtes pas assez déterminé, on vous bernera. La porte est étroite.

Nous vous proposons trois domaines de cohérence :

❖ une cohérence avec l'esprit du vendeur. Pour vendre, vous devez vous intéresser aux collaborateurs, à leurs besoins, les écouter sans cesse. Vous devez les comprendre dans ce qui les empêche de franchir le pas, dans ce qui les rebute. Ils vont réussir votre stratégie, votre performance est entre leurs mains. Cela vaut la peine ;

❖ une cohérence dans l'exigence. Vous incarnez le projet, la vision, les objectifs. Vous devez être cohérent dans votre exigence autant que dans votre soutien. L'objectif que vous avez fixé n'est pas négociable. Chacun doit savoir que vous le soutiendrez dans sa réussite, et que la sanction est toujours possible ;

❖ une cohérence dans la confiance. Vous devez croire absolument en la réussite de vos équipes. Avoir la confiance inébranlable qu'elles parviendront à atteindre les objectifs. Et les aider pour cela, les soutenir sans vous substituer à elles.

Nous finirons par un mode d'action qui permet de mettre en cohérence les trois composantes ci-dessus : la vente, l'exigence et la confiance.

Ces principes vous sembleront des réflexes de bon sens. L'expérience montre que les ego, les territoires, les ambitions, les envies d'en découdre, les abus de pouvoir nous éloignent le plus souvent de ces éléments de posture.

Toutes les méthodes présentées ici visent au même but : valoriser l'ensemble des équipes et des collaborateurs à leur véritable potentiel. Avec, à la clé, 50 % de développement et d'efficacité en plus, bien loin au-dessus des 5 % que tout dirigeant espère année après année en automatisant à tous crins et en fouettant le mulet.

Chacun des chapitres suivants est conçu selon le même plan pour en faciliter la lecture :

❖ d'abord, « être cohérent » peut paraître évident, quand on l'écrit ou le lit. Les réflexes spontanés sont bien différents. Nous démarrerons chaque domaine en donnant des exemples types de réflexes courants que chacun pourra reconnaître ;

❖ vous trouverez ensuite les éléments de posture personnelle majeurs à mettre en œuvre. Comment faut-il « être », pour apparaître cohérent ?

❖ nous terminerons chaque chapitre en précisant les leviers à actionner et les signes concrets de cette cohérence personnelle.

Cohérence dans la vente
Si je veux qu'ils prennent mon projet en charge...

La cohérence... ne va pas de soi

« Je dis ce que je fais, je fais ce que je dis ». Les incohérences personnelles se décèlent instantanément. Les collaborateurs les voient venir avant que le responsable en ait lui-même conscience. Les signes que vous donnez sont imparables. Plutôt qu'un long discours, un petit florilège de ces situations que nous connaissons tous... chez les autres. Et si c'était nous ?

Livrer en pâture, ou inciter à l'achat ?

Les services centraux du groupe viennent de repenser entièrement son réseau de distribution. Les 150 responsables régionaux sont réunis, on va leur annoncer l'évolution. Le « père » de l'algorithme mathématique qui a conduit à la nouvelle répartition commence sa présentation avec fierté, il explique les tenants et les aboutissants, les contraintes, les difficultés. Puis, il dévoile la nouvelle carte de France. Les 150 responsables découvrent que 20 de leurs postes sont supprimés, et que pour « resserrer la pyramide » ils perdent un échelon hiérarchique intermédiaire. C'est un tollé. Le comité de direction ne comprend pas, la démonstration était indiscutable !

Il n'y a en effet aucune mauvaise intention, aucune méchanceté. On a pensé système, on a pensé efficacité – plutôt bien – mais on a oublié les personnes. Quand on touche à leur périmètre, à leur fonction, à leur responsabilité, on doit leur parler individuellement, de personne à personne. On n'envoie pas un roi des algorithmes leur annoncer en masse qu'ils n'ont plus de job.

Associer leur devenir personnel au résultat (même imparable) d'un logiciel leur renvoie l'image de consommateurs forcés, et non pas d'acheteurs à séduire. Leur révolte met simplement en exergue l'incohérence du discours. Si je veux des gens qui adhèrent et prennent en charge, je ne peux pas les traiter comme des oies gavées de force – surtout si la pâtée a un goût amer.

Ne s'intéresser qu'aux mauvaises volontés, ou attirer les bonnes ?

La division a une stratégie claire, mais sa mise en œuvre tarde et les résultats se dégradent. Alexis Savapa, le nouveau directeur financier, est mandaté par le siège central pour améliorer la situation coûte que coûte. Son premier diagnostic est catastrophique : situation tendue avec les clients, pertes de marchés, projets à la dérive, faillite annoncée… Pendant trois ans, il ne fait que dénoncer les catastrophes, les dysfonctionnements, les scandales. Pendant trois ans, la division est au fond du gouffre… jusqu'à ce qu'il la quitte !

Si celui qui détient le pouvoir n'en use que pour fouiner dans les dysfonctionnements, les dénoncer et crier au scandale, s'il ne s'intéresse qu'aux situations épouvantables, il risque de n'avoir que des dysfonctionnements, des catastrophes et des situations épouvantables à gérer.

La chasse aux dysfonctionnements est indispensable – surtout si je les identifie pour les traiter. Mais… on n'attrape pas les mouches avec du vinaigre. Le procédé d'Alexis Savapa n'est pas cohérent : on ne peut pas vendre en culpabilisant sans cesse.

Annoncer la vérité, ou chercher l'adhésion ?

Bernard Gumand, le nouveau directeur, a rapidement fait son diagnostic. Il a mandaté une étude stratégique, a fait élaborer des scénarios d'évolution du marché. Quelques semaines plus tard, il convoque l'encadrement et annonce les nouvelles vérités du groupe. En substance : « Le marché évolue vite, l'entreprise est en péril à moyen terme. Le groupe doit changer, chacun de nous doit changer, tous ceux qui n'accepteront pas de changer n'y auront plus leur place. »

L'annonce pourtant savamment préparée (et sans doute solidement étayée par ailleurs) a fait un flop. Les managers l'ont vaguement relayée jusqu'en bas de l'échelle. Soit, il faudra changer. Mais pour quoi ? Au nom de quoi ? Chacun sent bien des menaces sur le marché. Mais peut-on être plus précis, expliquer, montrer la réalité telle qu'elle se profile pour sensibiliser ?

Bernard Gumand a plutôt bien communiqué. Mais il n'a pas mobilisé. Il n'a pas pris le temps de « vendre » son analyse et les évolutions qui en découlent, encore moins de susciter des initiatives. Il n'est pas cohérent. Moi seul peux décider de changer, comme moi seul peux décider d'arrêter de fumer. Et (la réalité le prouve tous les jours) il me faut de solides arguments pour l'emporter sur mon addiction à mes propres habitudes.

Éléments de posture personnelle

Privilégier la dynamique humaine

On parle méthodes, techniques, objectifs et indicateurs... Combien de dirigeants sont tournés vers leurs compteurs et leurs tableaux de bord plus que vers leurs équipes ? Combien de chefs de projets vers leur planning plus que vers leur réseau humain ?

La première préoccupation n'est pas dans la technique ou dans la méthode, mais dans la dynamique. L'exécution est comme un sport, auquel toute l'équipe est associée, hiérarchique mais aussi fonctionnelle, répartie souvent sur l'ensemble de l'entreprise, avec des objectifs et des priorités différents. La première préoccupation du responsable d'une mise en œuvre est dans le passage et l'entretien de la flamme.

Quels sont les obstacles au partage d'une flamme ? Les habitudes, les objectifs, les priorités, les conflits, les barrières entre équipes, les difficultés de transversalité, les interfaces.

Vous n'avez pas le choix : une fois que vous avez transmis la flamme, vous devez être attentif aux obstacles et aux moindres courants d'air pour l'entretenir.

S'occuper des gens avec l'obsession des choses, plutôt que l'inverse

Si je m'occupe seulement des « choses », si je veille seulement à ce qu'elles se fassent (compter le nombre de produits vendus, de voitures fabriquées, de brevets passés, de factures traitées...), je déresponsabilise forcément les équipes opérationnelles. S'intéresser aux chiffres plus qu'aux personnes déshumanise les personnes. Une personne déshumanisée ne peut pas se sentir tout à fait responsable. Si je considère que la réussite de la mise en œuvre (et, *in fine*, de la stratégie) passe par les personnes, je dois m'intéresser aux personnes avant toute « chose ».

Sinon je ne suis pas cohérent. M'intéresser aux personnes, c'est non seulement m'intéresser à leur force de traitement (c'est-à-dire aux « choses » précédentes), mais aussi à leur capacité d'identifier des pistes d'amélioration, des productivités supplémentaires, des meilleures pratiques, des progrès personnels. Les couloirs, les salles de réunions, les bureaux sont pleins d'idées excellentes ensevelies sous les « à quoi bon », les « puisque c'est comme ça » et autres « de toute façon ». Quasiment la moitié des gains de performance gisent là. D'autant qu'à m'intéresser à ce qui fait vibrer l'autre, je l'encourage d'autant plus à vibrer.

Rechercher systématiquement le moteur de l'autre

Le moteur de la mise en œuvre est réparti. Si je m'occupe de mettre en œuvre sur mon seul moteur personnel, la « bande passante » sera 100, 1000, 10 000 fois plus faible.

Ma posture va consister à me « mettre à la place » de l'autre pour savoir ce qu'il attend, ce dont il a besoin, ce qui le mettra en mouvement. À la place de tous ceux que je veux activer et de chacun, pour comprendre de quelle monnaie il veut être payé.

On va souvent chercher très loin (jusqu'à l'impossible, quand on accroît trop les salaires et la durée des congés) ce qui active le moteur d'autrui. L'expérience montre que le premier moteur est dans l'aventure à laquelle on l'associe, dans la reconnaissance qu'on lui manifeste, et dans son développement personnel ; comment il va se trouver enrichi par l'expérience, plus employable, plus compétent, plus efficace… et reconnu comme tel.

La stratégie, le projet, les objectifs sont déjà faits pour cela : créer une situation qui va faire grandir chacun à travers le collectif. Il s'agit de faire partager l'idée pour que le moteur du développement personnel de chacun soit en marche. C'est bon pour le collaborateur, c'est vital pour l'entreprise.

Ne pas avoir peur des « gens »

> « Aller sur le terrain ? Mais pour faire quoi ? Que vont-ils penser s'ils me voient ? Et que vais-je leur dire ?
>
> Leur présenter la stratégie et engager le débat avec eux ? Comme ça, directement ? Mais ils vont chercher à me piéger !
>
> Tester le projet, voir comment les collaborateurs réagissent ? Leur montrer ma copie ? Ils vont la rejeter ! Trouver que… je ne suis pas parfait ! »
>
> Édouard Hézonchef fait les cent pas dans son immense bureau. Il réfléchit. Il veut entraîner ses collaborateurs. Mais, en même temps, il a peur. Peur de leurs mouvements, de leurs grèves toujours possibles, de leurs réactions, de leur mauvaise foi. Si un opérationnel le critique, comment voulez-vous qu'il réagisse ? Il est le chef ! A-t-il seulement le droit d'avoir tort ?

Voici un vrai paradoxe, un poison du management. D'un côté, j'ai besoin de ma base, je suis demandeur. De l'autre, j'ai peur de ses réactions, je suis le grand ordonnateur. Que faire ? L'attitude la plus courante est de retourner dans son bureau, fermer la porte et imaginer que les strates hiérarchiques vont faire le travail. Douce illusion, on l'a vu, sur laquelle se brisent les plus hautes stratégies et les meilleurs plans d'actions (*cf.* Clé 3 sur la pyramide inversée).

Je vais montrer ma copie. Cet élément de posture « ouverte » m'est indispensable pour tester, pour confronter, pour voir quel langage ils parlent, comment ils expriment leurs besoins, comment ils comprennent ce que je leur dis. Bien sûr, j'ai le droit de n'être pas parfait du premier coup (*cf.* Clé 6). Au contraire : je leur prouve que j'ai confiance en eux. C'est immense ! Et ils vont m'aider. En même temps, je vais commencer à distiller de l'information, à présenter des intentions, à faire mon lobbying, démarrer quelque chose comme de l'agitation, de la propagande, donner envie…

Je n'ai pas à avoir peur de ma base opérationnelle. Au contraire. Ma peur ou mon appréhension prouvent une incohérence de posture. Ma base opérationnelle seule peut réussir mes objectifs. Elle est même mon seul levier, comme je suis sans doute son seul allié dans le changement qu'elle souhaite. Je fais tenir la pyramide inversée (*cf.* Clé 3). C'est fragile, l'équilibre d'une pyramide inversée. Il faut être fort… et cohérent.

Des leviers et des signes

Le monde politique fournit de bonnes indications du type de posture à adopter. Les candidats sont généralement bien meilleurs vendeurs que les élus. Ils prennent le temps d'expliquer, de clarifier. Normal, ils doivent convaincre leurs électeurs, ils « se » vendent. Sitôt élus, en revanche, ils oublient de vendre leur projet et font prendre des mesures jusqu'à bloquer le pays. C'est un contresens stupide. L'adhésion, la mobilisation et *in fine* la mise en œuvre de toute mesure, passent par sa vente préalable. Sinon, je risque de transformer chacune de mes annonces en spectacle, que mes interlocuteurs trouveront forcément mauvais dès qu'il les concerne sans les inclure.

Chacune des sept Clés précédentes constitue un levier de cette cohérence. Elle se repère à un signe simple : celui du temps que vous prenez à écouter, à discuter, et à expliquer.

Écouter, aller au contact, challenger

Tout changement implique des deuils individuels et collectifs, donc requiert de la présence, de la parole, du soutien ; du temps. Il peut aussi y avoir de vraies raisons aux blocages. Suis-je sûr de bien les connaître ?

Vous allez prendre votre bâton de pèlerin et identifier les besoins, les freins, les difficultés, les ambitions, les frustrations, tout ce qui met en mouvement ou au contraire le freine (*cf.* Clé 1).

Le temps que vous passez sur le terrain et la qualité de ce temps passé « avec les gens » dans leur quotidien constituent des signes imparables de votre cohérence de vendeur. Vous vous intéressez à eux comme un vendeur s'intéresse à son client. Vous venez pour « comprendre », pour « écouter », jamais avec « la » solution finale (même si vous savez où vous voulez aller), seulement avec des principes de solution que vous pourrez leur soumettre *(cf.* Clé 6).

Une solution finalisée constitue pour celui qui met en œuvre un risque et une opportunité :

❖ le risque : votre envie de l'annoncer de suite pour aller plus vite ;

❖ l'opportunité : vous avez une longueur d'avance, vous savez animer toute confrontation pour amener les équipes à la solution. C'est beaucoup plus riche, plus puissant, et surtout mobilisateur.

De la pédagogie, sans cesse et partout

Si, confronté à une question, vous vous asseyez et vous prenez le temps d'expliquer, vous avez gagné l'adhésion instantanément. Si, en plus, vos arguments convainquent, s'ils clarifient les liens, s'ils font sens, alors vous réussissez à les faire porter par vos interlocuteurs au-delà de leur propre cercle.

Il existe un indicateur simple pour cela : chacune des actions que vous engagez, chacune des annonces que vous faites, doit être reliée à votre projet, au sens premier. Pas une action, pas une task-force ne doit être déconnectée de la stratégie, de votre projet. Le « pour quoi » on le fait (*cf.* chapitre 2 et Clé 2) doit être explicite et clair à chaque fois.

2

Cohérence dans l'exigence
Si je veux atteindre mon objectif...

Si dans chacun de vos gestes, dans chacune de vos paroles, vous savez montrer à quel point vous incarnez l'objectif du projet, la mise en mouvement se fera. On dit : « Le dirigeant définit la stratégie ». Peut-être, mais il ne réussit que s'il l'incarne avec toute la détermination – l'obsession même – nécessaire.

La cohérence ne va décidément pas de soi...

Avancer vite, vraiment ?

Pendant des mois, Hadji Rouette, le directeur général, a martelé qu'il voulait avancer vite. Ce jour-là, Igor Lefuret, le directeur de projet, découvre que la mise en œuvre de son projet doit se faire en même temps que le déploiement de la prochaine version applicative. Tous les clients vont être affectés par la version applicative, du coup il va devoir attendre six mois pour son propre projet. À moins que... Il fixe un comité de pilotage pour la semaine suivante, réunit ses équipes d'urgence, travaille nuit et jour pendant huit jours pour élaborer deux scénarios alternatifs : le premier, constatant l'incompatibilité des deux projets, retarde le sien de six mois, avec 50 millions de chiffre d'affaires perdus. Le second, un peu plus serré, permet de « passer » avant le déploiement de l'applicatif. Le comité débat, il est prêt à suivre Lefuret. Mais Hadji Rouette intervient : ce scénario est trop risqué, il ne sait pas comment les partenaires sociaux vont réagir, il a d'autres affaires sur le feu, il opte pour le décalage.

Ce jour-là Hadji Rouette a perdu 50 millions en un seul coup. Il a surtout perdu toute crédibilité dans son exigence.

Je dois être cohérent. Si je n'y crois pas moi-même, si je donne des signes que « je ne veux pas tant que cela, finalement », j'aurai du mal à faire aboutir rapidement la mise en œuvre. Un enfant à qui je promets une punition et ne la donne pas quand il faute, aura du mal à croire en mon autorité. Des équipiers à qui je ne montre pas ma détermination auront du mal à croire à ma volonté réelle, peut-être même à mon projet. Et à s'y investir.

Les directeurs ont décidé de renforcer les spécifications du projet. Honoré Moncontrat, le responsable du projet, réfléchit : sur le papier, on en prend pour au moins six mois de délai supplémentaire. Doit-il allonger les objectifs du projet ? Il en parle à quelques équipiers, « pour voir ». Visiblement ça va les démotiver, voire les démobiliser. Les six mois risquent de se transformer en huit ou neuf. Il le dit au directeur général. Tous deux décident de laisser les délais inchangés malgré des exigences largement supérieures. On ratera peut-être l'objectif final de quelques semaines, mais pas de trois mois.

Tous ceux qui ont conduit un projet ou une évolution d'ampleur le savent : le délai engendre le délai. Si vous acceptez de décaler le projet de deux mois, il en prendra trois. Si vous tenez bon sur votre exigence, il perdra une semaine et demie au pire.

Tirer sur l'ambulance, ou accompagner pour accélérer ?

Jean Némard se sent très seul. Cet après-midi il doit présenter l'avancement de son projet au comité de pilotage. Il n'est pas au budget, pas au planning, il est juste seul. Son chef vient lui demander ses supports en avant-première. Il découvre l'ampleur du désastre. Il se met à secouer le pauvre Némard dans tous les sens : « Tu es un incapable, je vais te régler ton cas, tu ne sortiras pas vivant de la réunion » puis, en tournant les talons : « Tu as une heure et demie pour être au niveau ! »

Quel est l'intérêt du patron ? Que la mise en œuvre avance et que le comité de pilotage se passe le mieux possible. Et qu'est-il en train de faire ? D'épancher son ire (certes, ça soulage). Mais il détruit en même temps le peu d'énergie qui restait chez Jean Némard. Il l'anéantit. La présentation sera ce qu'elle sera, tenue au mieux par l'orgueil dudit Némard – s'il lui en reste.

Si je veux que le projet progresse, je m'y intéresse avant le dernier matin. Si je n'ai pas pu, alors son problème devient le mien, et j'ai intérêt à l'aider à être bon. Sinon, je ne suis pas cohérent dans mon exigence de résultat. Si je veux que mon collaborateur réussisse et prenne l'ascendant sur les décideurs du comité, je n'ai pas intérêt à le traîner plus bas que terre. Combien de managers auront le réflexe d'aider un collaborateur submergé par la tempête, plutôt que de le traiter d'incapable ?

Avoir la paix, ou tenir mon sujet ?

« Surtout, n'hésitez jamais à venir me voir en cas de pépin, et même à la moindre question ! »

Les contributeurs du projet n'avancent pas. J. C. Pacoifert monte voir son vice-président, lui raconte son souci. Le vice-président écoute, fait « Ah ! Oui... ». Puis il termine : « Bon, vous assumez, hein ? »

Tiens-je à ma mise en œuvre, ou pas ? Est-elle fondamentale pour moi, ou non ? Que va comprendre J. C. Pacoifert ? Qu'il est seul à l'assumer ? Seul aussi à assumer l'exigence ? D'ailleurs, jusqu'où tient-il à cette exigence, lui ?

Exiger... quoi ? Les injonctions paradoxales

Octave Dyssonant réfléchit. Aux vendeurs, on a donné des objectifs de ventes. Leurs chefs les pilotent au quotidien. « Combien tu as vendu aujourd'hui ? Combien tu prévois demain ? » Etc. L'entreprise a défini un bonus indexé sur les ventes réalisées. Mais, en réalité, les vendeurs vendent n'importe quel produit à n'importe quel client, les clients cassent la vente trois jours après. Certains, lassés par le forcing des vendeurs, finissent par partir. Octave Dyssonant s'emporte : la stratégie n'est pas seulement de vendre, elle est de vendre de la qualité de service. C'est pourtant limpide, la stratégie s'impose... Pourtant rien ne change.

Octave Dyssonant ne peut pas demander tout et son contraire. Tant que le volume constituera le critère unique de pilotage et d'évaluation des performances, tant que la qualité sera vécue comme l'ennemie du volume, il pourra marteler, exiger, commander, rien ne bougera. Il doit être cohérent dans son exigence et mettre en phase les objectifs et la rémunération variable. On ne peut reprocher à quiconque de suivre un système de récompense avant un système d'objectifs.

Changer tout le temps, ou garder le cap ?

« J'ai besoin d'une véritable équipe, d'un commando. Aujourd'hui, j'ai une cour de barons. Nous n'arriverons à rien sans cohésion. »

Parfait Skonpeux ne mâche pas ses mots. Il organise des séminaires de cohésion avec son équipe, vendredi et samedi, au vert, trois semaines de suite, pour construire ensemble le plan de marche du groupe. Ils avancent bien, ils y prennent même goût. La semaine suivante, c'est la douche froide, les premiers résultats du semestre sont exécrables. Parfait Skonpeux décide de tout arrêter, il faut se focaliser sur le sauvetage des 3 % de marge du semestre, rogner les coûts en urgence. Le plan de progrès commun est remisé, les membres du commando redeviennent barons.

Finalement, Parfait Skonpeux avait raison. Il ne pouvait arriver à rien sans cohésion. Six mois plus tard, complètement isolé, il est remercié.

Parfait Skonpeux n'a pas tenu son projet dans la durée. Il n'a pas su non plus trouver les mots qu'il fallait pour dire : « Écoutez, on va le faire, mais d'abord on revient à l'équilibre », pour expliquer que son changement de priorité était seulement conjoncturel, qu'il avait sans doute un peu surestimé les opportunités. Son incohérence a déçu tout le monde, il a perdu toute crédibilité – donc tout pouvoir.

Décider, ou tenir bon ?

« On a dit ce qu'on allait faire, on va faire ce qu'on a dit »,
pense Gérard Manvussat en signant la feuille de route du
projet. Celui qu'il a choisi pour diriger le projet est un très
bon. Il peut lui laisser les clés et repartir chez les clients chercher des opportunités de croissance externe. Six mois plus
tard, rien n'a bougé. Les directions contributrices n'ont rien
fait.

Je peux décider tout ce que je veux, signer, m'engager. Mais
pour être cohérent, je dois assumer, c'est-à-dire suivre le projet
que je lance. Une « feuille de route », une « note de
lancement », même une « grand-messe » ne me déchargent pas
de la responsabilité du projet. En réalité, on ne délègue jamais
une responsabilité ; on peut tout au plus déléguer un pouvoir.
Ma persistance, l'intérêt que je porte à mon projet induiront la
vitesse de prise en charge et d'exécution.

Éléments de posture personnelle

L'obsession du résultat

Cyril Héfélé a annoncé son projet pour l'entreprise. Sa vision
est claire, mais complètement novatrice et en rupture. Dans
les équipes on se regarde, on s'interroge. « Il est fou », dit
l'un. « D'où est-ce qu'il vient ? », dit l'autre. « Eh bien ! On
n'est pas sorti de l'auberge », dit encore un autre en retour-
nant à son poste.

« Le chef est fou ! » Quand, à partir de votre vision, vous avez
élaboré   un   projet   mobilisateur   assez   différenciant

(*cf.* chapitre 2), quand vous l'avez construit et annoncé (*cf.* chapitre 3), la réaction de vos équipes peut être assez négative. « Le chef est fou ! » Oui, le chef veut aller là, oui il s'agit d'une révolution, en effet c'est quasiment impossible et personne ne l'a jamais fait.

Si vous savez expliquer votre vision, si vous prenez le temps de la vendre et de convaincre, vous y gagnerez d'autant plus. Car plus la montagne est haute, et plus le projet va faire décoller l'entreprise. Il est plus risqué, mais il va fédérer davantage, mobiliser les énergies, révéler les premiers de cordée. On restera d'autant moins sur la réserve qu'il est ardu. Et à l'issue du projet, quand on sera venu à bout de tous les obstacles, on sera fier du chemin parcouru. Vous aurez peut-être des démissions au début, vous n'en aurez aucune à la fin – et pendant longtemps.

Le chef a le droit d'être fou. Mais il doit être un fou persistant. Vous devez garder votre cap, ou expliquer à tout moment ce qui vous fait modifier le chemin. D'où l'importance d'avoir un projet bien construit, étayé, ancré sur le terrain (*cf.* Clé 1). D'où la nécessité impérieuse de croire à ce projet, d'être capable de le défendre et de le tenir en toute circonstance. Donc, sans doute, de l'avoir construit vous-même, et de le « respirer » par tous les pores de votre peau.

Détermination n'est pas impatience

Je veux obtenir quelque chose des équipes. Comment faire ? Certains diront : « Il ne faut pas hésiter ; là, on donne des ordres ». Dans un cas de redressement d'entreprise, par exemple, il faut aller vite et travailler sur tous les fronts.

C'est juste. Mais quand on y pense, c'est terriblement pauvre, un ordre. Qu'a-t-on obtenu, à la fin ? L'exécution (disons… dans 80 % des cas) d'une tâche ; mais absolument pas la mise en mouvement d'un collaborateur (qui se hâtera de ne plus bouger jusqu'à l'ordre suivant), encore moins une dynamique globale, pas forcément même un résultat. La tâche peut être mal ciblée par rapport à un environnement qu'on ne soupçonnait pas. Un ordre, c'est d'abord l'aveu d'une impuissance. Le temps gagné n'est souvent qu'une occasion perdue.

Fonctionnels et responsables de projets, positionnez-vous en solution, jamais en problème

Quand l'ensemble des équipes vous est rattaché, vous pouvez les faire avancer vous-même au titre des demandes que vous faites. Bien souvent, cependant, le responsable d'une mise en œuvre n'a pas le pouvoir hiérarchique. Il ne peut compter que sur l'adhésion et la bonne volonté « raisonnable » des uns et des autres… qu'il doit susciter habilement pour parvenir au résultat.

Cela induit une posture particulière pour tout responsable de projet ou responsable fonctionnel, qui doit manager « par l'influence ».

L'analyse stratégique des coûts du groupe est sans appel. « Nous devons acheter beaucoup plus dans les pays à bas coûts ! » résume le directeur général. Chaque acheteur doit trouver des fournisseurs dans le Sud-Est Asiatique, en Amérique du Sud et en Europe de l'Est, et développer un volume d'affaires significatif avec eux. Pour montrer l'importance stratégique de sa vision planétaire, il désigne Émile Capalest, l'un des meilleurs cadres de l'entreprise, pour diriger le projet. Pendant six mois, Capalest se bat pour faire remonter les tableaux de bord des acheteurs, les relations se tendent, le projet n'avance pas. Il n'a pas vu que les acheteurs manquaient de guide et de méthode, et tout simplement de l'aide nécessaire pour rédiger des appels d'offres en anglais.

Au lieu de faciliter, au lieu d'identifier les points durs et de les traiter, il s'est senti investi des objectifs (il l'était certes… mais pour leur apporter le soutien nécessaire), et il s'est arrogé un pouvoir qu'il n'avait pas. Sa seule posture a suffi à faire perdre six mois à la mise en œuvre.

Aucune direction fonctionnelle, aucun projet n'a les moyens d'agir comme un « problème » pour des unités pleinement responsabilisées sur leurs résultats. Il ne peut constituer qu'une solution. En revanche, il peut – et c'est précisément ce qu'il doit faire – susciter un problème pour lequel il apparaîtra comme la solution. En l'occurrence, Capalest n'existe que parce que le directeur général a décidé de changer de stratégie. Seul le directeur général a le pouvoir hiérarchique. Si un directeur opérationnel refuse ce mouvement, il doit se confronter au directeur général, pas à Capalest. Et Capalest a tout intérêt à susciter cette confrontation. Capalest n'a qu'une mission véritablement reconnue par ses collègues : aider, faciliter, faire en sorte que l'entreprise arrive au résultat.

Un responsable de mise en œuvre, fonctionnel, de projet, a deux modes d'intervention – et seulement deux :

❖ apporter le soutien à ceux qui le demandent ;

❖ « souffler dans l'oreille » des responsables hiérarchiques la « juste exigence » qui rendra leur soutien indispensable.

Le pouvoir n'est légitime que dans les lignes hiérarchiques. C'est là une des règles de toute mise en mouvement. Ce paragraphe est court, mais cet élément de posture constitue une panacée. Dans l'immense majorité des cas il n'est pas appliqué, ni même connu.

Quels leviers actionner, quels signes donner

« Aligner » les stratégies, définir des objectifs cohérents

Les structures d'entreprises « modernes » sont pleines de matrices.

Hector Acheaux, le nouveau directeur des achats du groupe, veut révolutionner sa fonction. Nouvelles missions pour les acheteurs, nouveaux outils, nouvelles ambitions. Les acheteurs des unités « achètent » la nouvelle stratégie de leur directeur. Les patrons d'unités, eux, ont plus de mal ; H. A. veut globaliser les fournisseurs, ce qui les forcerait à changer les leurs. Après des mois de bras de fer avec eux, H. A. découvre que les patrons des unités n'ont aucun objectif de réduction des coûts.

On appelle cela l'« alignement des stratégies ». En réalité, il s'agit surtout de cohérence collective. La stratégie formalisée, connue, claire, incarnée par un projet vivant, que vous avez conçue à ce stade, constitue une aide précieuse pour orienter toutes les ressources dans la même direction. Reste ensuite à « aligner » aussi les objectifs chiffrés.

Responsabiliser, bien sûr !

La réussite des résultats passe par chaque collaborateur. Chacun mérite d'être responsabilisé sur la réussite. À chacun on peut donner des tempêtes à vaincre, des caps Horn à dépasser, des nouveaux territoires à conquérir pour l'inciter à entreprendre. Le développement de l'entreprise est de toute façon une sacrée aventure humaine. Pourquoi ne pas permettre à chacun de la vivre pleinement ?

Mais je ne peux pas être naïf. Ceux qui sont impactés par le projet vont faire un bilan immédiat : « Qu'ai-je à y gagner ? Qu'ai-je à y perdre ? ». Avec des deuils plus ou moins durs à faire. Ceux qui doivent prendre en charge les évolutions liées au projet peuvent tout à fait les refuser – consciemment ou non – et bloquer le mouvement. Une décision prise ne signifie jamais qu'elle va se mettre en œuvre !

Ma cohérence passe donc aussi par la distribution des mauvais points. Si je veux passer un savon à quelqu'un, je dois le préparer pour rester maître du jeu. Certains y arrivent très bien – par goût ou par composition. D'autres ont plus de mal. Ces moments-là se préparent aussi.

À l'inverse, on ne peut pas toujours dramatiser, au risque de n'avoir plus que des situations dramatiques à gérer. Mais à certains moments, on doit mettre en scène l'exigence, la détermination à tenir les objectifs et le mécontentement, rappeler que rien ne détournera des objectifs fixés et demander des actions correctives.

Mettre tout responsable en situation de reporting, adapter la gouvernance

Si vous avez organisé la bonne gouvernance, si vous avez mis en place une structure projet forte avec des responsables d'actions nommément désignés, vous avez les ingrédients nécessaires. À un près : l'intérêt que vous portez à l'avancement. Si la mise en œuvre est essentielle pour la réussite, alors vous devez vous y intéresser.

Personnellement, comme on l'a vu, en interrogeant les personnes, les porteurs d'actions, les utilisateurs actuels ou futurs ; mais aussi collectivement, en mettant chaque responsable d'action en situation – physique – de reporting. Un responsable n'est pas juste « responsable ». Il est responsable « devant vous ». Le fait d'avoir nommé Untel ou Unetelle sur une action donnée ne vous en décharge pas.

Chaque semaine ou chaque mois, Untel ou Unetelle vous rend ainsi des comptes, sur la démarche entreprise (quel avancement sur chacune des quatre composantes des « oreilles de Mickey », *cf.* Clé 4), sur le planning de l'action, sur son coût, sur ses points durs. À vous, et sans doute pas seulement à vous, mais également à tous ceux que va impacter l'action. Cette « gouvernance » est votre meilleure garantie des « oreilles de Mickey ». Il vous revient de la définir (*cf.* chapitre 3) et de la faire fonctionner.

Responsabiliser sur les conceptions se fait couramment, responsabiliser jusqu'à la mise en œuvre est beaucoup plus difficile. Cela suppose que vous alliez vérifier vous-même sur le terrain, que vous « boucliez la boucle » (Clé 7), et que vous restiez très déterminé au moment où les contributeurs de l'action aimeraient bien rentrer chez eux.

La mise en situation de reporting – physique – a plusieurs avantages :

- vous avez la visibilité de l'avancement, donc des points durs à lever avant qu'ils ne dégénèrent ;
- vous pouvez réaffirmer périodiquement les objectifs... au responsable de l'action, mais aussi (même si vous vous adressez à lui) aux directions contributrices présentes ;
- vous mettez l'ensemble des forces « en tension » autour des objectifs de l'action, en particulier autour du responsable que vous soutenez du même coup ;
- vous permettez la confrontation (constructive) d'intérêts souvent divergents : ceux du progrès (incarnés par l'action) et ceux du quotidien (incarnés par les directions contributrices).

Vérifier que les injonctions ne sont pas paradoxales

... Ce qui est paradoxal aussi. Toute vie, toute entreprise est paradoxale. Les injonctions paradoxales sont naturelles, inhérentes à chaque mouvement.

Leurs intentions sont généralement bonnes, en tout cas compréhensibles. Chacun de nous porte des objectifs, des ambitions, des désirs contradictoires. Par exemple :

- « Je vous ordonne de prendre des initiatives », ou – ce qui n'est pas mieux – « Prenez des initiatives, je veux toutes les voir » ;
- « Dites-moi tout, je ne veux rien savoir » ;
- « J'ai des responsabilités, je ne suis pas responsable » ;
- « Bougez-vous bon sang, je ne veux pas de vagues » ;
- « Je vous fais confiance, faites-moi un reporting par jour » ;
- « Vous êtes responsable de votre objectif, vous allez faire comme ci et comme ça »...

Les signes donnés laissent la porte ouverte à des interprétations déplacées. Comment peut-on au moins limiter les conséquences de ces injonctions paradoxales ? On gagne évidemment à réfléchir avant de parler. On peut surtout reboucler en permanence. Nul ne peut garantir de toute façon qu'une demande « partie du haut » n'arrive pas paradoxale « en bas ». Voilà pourquoi je dois aller régulièrement sur le terrain, vérifier inlassablement que mes demandes ont été correctement comprises... et qu'elles sont cohérentes, c'est-à-dire non paradoxales (*cf*. Clé 7).

Repérer les freins, soutenir dans la résolution des points durs

> L'entreprise ne travaille pas assez ses coûts, et les marges en pâtissent. Alors le directeur général a désigné des « cost-killers », chargés d'identifier des économies partout dans l'entreprise et de convaincre les managers de les mettre en œuvre. Au bout de trois mois, rien ne s'est fait. Les « cost-killers » trouvent des pistes, mais les managers ne les suivent pas. Comment les pousser davantage ? En usant de quelle harangue, de quelles invectives, de quelle menace ?

Personne n'a envie de mal faire, ou de ne pas faire. L'immense majorité de « ceux qui font » est désolée lorsqu'ils découvrent que leur travail est mal perçu, n'est « pas passé » auprès de ceux qu'il était censé mettre en mouvement, ou n'a servi à rien.

Si les « cost-killers » n'arrivent à rien, il y a des raisons. Les managers auxquels ils remontent des pistes d'actions les rejettent. Vous pourrez tirer autant que vous voudrez, fouetter, hurler, rien n'avancera. Votre rôle de responsable de la mise en œuvre est de faciliter, d'ouvrir la porte des managers, et de les inciter à comprendre l'intérêt qu'ils ont à jouer la réduction des coûts.

Les équipes interprètent instantanément le signe que vous leur donnez. Si vous tenez au résultat, vous devez déblayer le terrain. Si vous ne débloquez pas les points durs, c'est que le résultat vous importe peu. Les « cost-killers » ne servent à rien

– même pas à leurs propres yeux – et toute la mise en œuvre en est décrédibilisée.

> Un jour le nouveau directeur général est venu participer à l'une de nos réunions, raconte un « cost-killer ». Nous avons présenté les actions que nous avions identifiées. Puis il nous a dit : « Si je peux vous aider à débloquer des actions que les managers vous refusent pour des prétextes un peu limites, n'hésitez pas à me solliciter. Mon rôle est de vous aider à réussir. Le groupe n'a pas les moyens de se priver d'économies telles que celles que vous venez de présenter. » Cela n'était jamais arrivé auparavant.

Si j'ai l'obsession de l'objectif, mon rôle est justement de repérer tous ces blocages, ces points durs ; et de les porter au niveau qui va bien. Les opérationnels ne peuvent pas le faire. Ils n'ont pas accès aux managers de niveaux supérieurs. Je le peux. Même si c'est désagréable, rien ne bougera si je ne m'en empare pas. À l'inverse, plus je m'intéresserai à eux, plus je les aiderai à débloquer ce qui les dépasse, et plus je pourrai leur en demander.

Plus vous apportez un soutien et plus vous pourrez affirmer une exigence

Si je tiens au résultat, à l'objectif, à la mise en œuvre, si j'incarne mes objectifs, je dois veiller à déblayer le chemin de ceux qui avancent pour les aider à réussir.

Cela peut paraître paradoxal : en voulant traiter la cohérence de l'exigence, nous arrivons à affirmer la nécessité du soutien.

Ce n'est pas par hasard. Soutien et exigence sont intimement liés. Plus vous soutenez une personne ou une équipe, plus vous vous intéressez à elle, et plus vous pourrez lui en demander.

L'exigence reconnue (nous pourrions écrire : l'autorité) s'acquiert par la clarté de la vision qu'on affirme, la détermination qu'on montre à l'atteindre, et le soutien permanent qu'on met à disposition pour parvenir au résultat.

3

Cohérence dans la confiance
Si je veux qu'ils réussissent,
puisque les résultats passent
par eux...

La cohérence ne va décidément pas du tout
de soi...

Réagir, ou écouter ?

Gérald Déproblèmes, le responsable du projet, est venu rendre compte au comité de pilotage, un aréopage de grands directeurs. Il présente l'état détaillé de son projet, ne dissimule aucun point dur, aucune difficulté. Tout d'un coup, un des grands directeurs bondit, exige un plan d'actions ; un autre menace ; un autre encore dit que G. Déproblèmes doit trouver une solution. Les discussions se tendent, chaque point dur devient une angoisse pour les patrons, qui répondent en exigence supplémentaire de réunions, de rattrapages, de reportings.

Quelle morale va tirer G. Déproblèmes de cette aventure ? Qu'on ne le reprendra plus à dire la vérité aux patrons. Il faut savoir ce que l'on veut. Si je veux savoir la vérité, je dois d'abord commencer par l'accueillir. Si je veux qu'on me fasse confiance, je dois au moins la donner. Quand on dresse un chien, on apprend une vérité de base. Quand il fugue et revient, il ne faut surtout pas l'attraper ; sinon il risque de comprendre qu'on l'attrape parce qu'il est revenu.

Changer tout, ou croire en l'homme ?

> Momo Bilisand découvre sa nouvelle équipe. Son prédécesseur l'a prévenu : la moitié de son comité de direction est constituée de branquignols, placés là au cours de l'histoire et prêts surtout à... ne pas bouger. Lui-même a réussi à fonctionner très simplement en surchargeant les meilleurs et en ignorant les autres. Mais Momo Bilisand a un grand dessein pour sa direction. Il ne peut pas se contenter de quelques moteurs, il veut une équipe de choc... Doit-il « sortir » la moitié de ses directeurs ?

L'équipe constitue sans doute le premier facteur clé de toute mise en œuvre. « C'est vital », proclament la plupart des experts. Ils ont raison. Sauf que, dans la vraie vie, on n'a jamais la « dream team » que les enjeux imposeraient. On a les collaborateurs que l'on a, à moins de prendre six mois pour les recruter. Suis-je cohérent avec mon objectif de « faire vite », si j'en prends pour six mois dès le début ? Suis-je d'ailleurs cohérent avec mon message de confiance en l'équipe, si je commence par en changer la moitié ?

Rendre autonome, ou assujettir ?

> Aimé Chant est un patron terriblement dur, culpabilisant, hurlant pour un rien après ses chefs d'équipe. « Oui, confirme son adjoint aux ressources humaines, il est dur. Mais voyez-

vous, il veut nous faire grandir et nous rendre autonomes...
D'ailleurs je vais vous dire : quand il ne nous crie pas dessus
cela nous manque, et on se demande s'il s'intéresse encore
à nous. »

Quelle belle contradiction ! Peut-on rendre autonome celui
qu'on rend dépendant par la culpabilisation ? Quand Aimé
Chant partira en retraite, ses équipes se trouveront orphelines.
Et sa direction connaîtra un grand trou d'air.

Éléments de posture personnelle

Parier sur l'intelligence

Pour déployer sa nouvelle stratégie, G. D. Sidet a testé un
nouveau mode de fonctionnement dans un des sites du
groupe. Il décide de généraliser ce nouveau mode de fonctionnement et lance l'opération avec un calendrier serré.

C'est un fiasco. Les collaborateurs comprennent vite que
l'évolution annoncée aura des conséquences graves pour
l'emploi et pour l'intérêt de leur métier. « Mais on n'en parle
pas, explique l'un d'eux, on nous laisse imaginer le pire et
les organisations syndicales utilisent la peur pour lancer les
mouvements sociaux. Chacun de nous aime son métier, on
aime notre boîte, l'entreprise ne sait pas se servir du potentiel qu'elle a. Elle nous infantilise. »

Chaque responsable d'équipe, chargé de mise en œuvre, chef
de projet, dirigeant, devrait partir d'un principe *a priori* : les
collaborateurs savent toujours où on veut les emmener. La
rumeur se propage même plus vite (c'en est impressionnant) que
les idées et les décisions. L'être humain a ce don d'interpréter

les signes instantanément. Et puis, qui peut garantir qu'ailleurs un collègue n'a pas déjà vendu la mèche ? Dans le cas précédent, les modules de formation du service voisin intégraient déjà l'évolution des métiers projetés par G. D. Sidet et la disparition de certains types d'emplois !

Il s'agit bien d'une posture personnelle. Si je considère les collaborateurs comme incapables de comprendre, si je ne leur dis rien, alors j'ai perdu.

Il y a là un paradoxe. À l'entrée, nous recrutons nos collaborateurs sur leur aptitude à comprendre, à anticiper, à se projeter, à s'adapter. Une fois chez nous, nous faisons comme si tout d'un coup ils ne comprenaient plus rien, comme s'ils n'avaient pas besoin de savoir. C'est tout le contraire : plus j'ai envie ou besoin de changer fort, et plus j'ai besoin qu'ils se mobilisent, donc qu'ils comprennent.

Accoucher les talents

« Je ne vais pas perdre mon temps avec ce type-là (quand même) ». Si, justement. L'expérience montre que neuf fois sur dix, sinon plus, je peux remettre en route un manager ou un collaborateur en retrait.

Je vais devoir passer du temps avec lui, lui expliquer le projet, le responsabiliser. Je vais devoir surtout m'intéresser à lui, discuter avec lui de la manière dont je le perçois, des limites qu'il va sans doute devoir dépasser, des combats personnels que le projet va lui imposer. Peut-être même vais-je devoir passer un « contrat de progrès » avec lui, lui donner des rendez-vous, lui fixer des points de passage, dans tous les cas lui montrer que je vais le suivre, être attentif à lui. C'est déjà un signe de confiance : si je passe du temps à le regarder, c'est que je l'en estime digne. C'est un levier de motivation extraordinaire. Peut-être *in fine* devrai-je changer un ou deux équipiers, s'ils ne jouent pas le jeu. Mais j'aurai mis tout le monde en dynamique, sur les rails, sans perdre une seconde.

Certains grands patrons affirment que « pour être bon, il faut être un tueur ». D'autres, beaucoup plus modestes mais certainement aussi bons, démontrent l'inverse chaque jour. Je ne pourrai jamais « sortir par le haut » en passant ma vie à « tuer ». Pour être bon, il faut être un accoucheur, accoucheur de talent et de dynamique.

Faire de chacun son préféré

Gérard Résonseul a une fâcheuse habitude : il dresse ses collaborateurs l'un contre l'autre (sachant qu'ils ne demandent que cela), compare leurs résultats et vilipende les mauvais en public ; il se moque des uns avec les autres – et tout le monde jalouse tout le monde à son tour. G. Résonseul a fini par être promu (forcément...). Matthieu Lepère, son successeur, fonctionne à l'inverse. Il parle à chacun, le responsabilise, en fait son allié. Il met en exergue les réussites en public, souligne les bonnes pratiques qu'il a repérées. Bref, il construit avec chacun une relation particulière. En six mois la direction a gagné 50 % d'efficacité.

Tous ceux qui ont une famille le savent, les enfants vont vite à se jalouser. L'équité des parents vis-à-vis d'eux est indispensable. Celle du chef envers ses collaborateurs l'est tout autant. Mais elle ne suffit pas. Il faut que chacun comprenne, sache et sente qu'on s'occupe de lui, passe du temps avec lui, qu'on l'aime et qu'il est, quelque part, le préféré. Il se mettra d'autant mieux en route, dans sa fratrie et dans sa vie. La magie de la vie, c'est qu'on peut avoir beaucoup de « préférés » – et pour de bonnes raisons. Dans l'entreprise comme à la maison.

Des signes et des leviers

L'« exigence empathique »

Je peux mettre chacun en mouvement si je sais m'intéresser à lui, à ses difficultés, à ses ambitions, à ses frustrations, à ses réussites. Napoléon faisait endurer des calvaires à ses armées. Mais il savait aussi demander : « Soldat, comment va ta mère ? ». Je tends une main pour mettre en tension ; et une autre pour stimuler, encourager et réconforter.

Nous pouvons revenir ici sur le paradoxe évoqué au chapitre précédent : plus j'apporte un soutien, et plus je peux exiger. Exiger, dans ce type de posture, signifie aussi « faire confiance ». Demander quelque chose à quelqu'un, si l'on est prêt à lui permettre de réussir, c'est déjà lui donner le signe qu'on croit dans sa réussite, et qu'on lui fait confiance.

Faire remonter de la base

> G. Czige est très mécontent, la mise en place de la nouvelle stratégie n'avance pas, les résultats ne sont pas au rendez-vous. Il solennise son mécontentement un lundi matin, dit que l'heure est grave. Ses lieutenants balbutient des excuses frelatées, dressent des arbres pour cacher la forêt, le système d'information par-ci, le contrôle de gestion par-là, les reportings à rendre… G. Czige a préparé son coup. Il sort un benchmark entre les équipes et montre que certains réussissent : « Comment font ceux qui y arrivent, alors ? ». Son équipe s'est remobilisée pour construire la suite de son chemin.

S'il avait dit : « Vous êtes mauvais », G. Czige fusillait la motivation de son équipe, donc se tuait lui-même. Au lieu de cela, il a cherché des points d'appui positifs.

Écouter... et accepter d'entendre jusqu'à agir

Un représentant du personnel crie au scandale en plein comité d'entreprise : « Il se passe des choses graves dans l'unité ! » Plutôt que de réagir et d'argumenter, Bérenger Coute encaisse, puis répond : « Merci de nous alerter, nous devons aller regarder ». Il mandate un diagnostic approfondi. On écoute les collaborateurs, les challenge, leur demande ce qu'il faudrait pour améliorer l'entreprise et pour que leurs yeux brillent.

On découvre en effet le malaise. Ils parlent de l'isolement de leur unité, de leur manque de perspective professionnelle, de leur envie d'avoir une véritable ambition au sein de l'entreprise. Puis Bérenger Coute les réunit, leur restitue collectivement ce qu'ils ont confié. Avec eux et leur encadrement direct, il structure des axes de travail puis il leur dit : « Vous allez le faire, et on va vous aider ». Ils engagent des réformes lourdes sur leurs processus internes. Et, en même temps, ils voient des actions concrètes – qu'ils ont demandées eux-mêmes. Ils se mobilisent d'un coup, eux qui jusque-là surveillaient la montre au quotidien pour partir à la minute près.

Tout a changé dans l'unité, elle est aujourd'hui deux fois plus productive. Le changement s'est fait sans heurt – mieux : il était attendu, demandé, réclamé. Ils ont édifié eux-mêmes leur « cathédrale ». La direction est ravie. Les partenaires sociaux aussi : ils ont vu qu'ils étaient écoutés, utiles, et vraiment « partenaires ».

Ouvrir le livre

> Le réseau de vente doit être largement remanié. Avec des conséquences lourdes sur l'emploi – en quantité comme en qualité. La première tentation d'Antoine Livrouvère, le directeur commercial, est de ne pas tout dire. Juste de montrer une petite réorganisation locale ici, puis une autre là. De séance en séance du comité d'entreprise, il va négocier, arracher pied à pied son redécoupage. « Ils » ne verront rien.

Et si par hasard « ils » voyaient ?

> A. Livrouvère soupire, puis il prend le parti inverse, celui de dire les choses et d'accepter la confrontation. Il explique son but, le constat qu'il fait, les évolutions nécessaires. « Juridiquement, explique-t-il, je ne soumets que la première phase à votre réflexion. Mais je veux que vous sachiez où nous allons. » Depuis, à chaque comité, il présente l'avancement du projet global. Non seulement le comité d'entreprise le suit, mais il a gagné en plus le droit à l'erreur.

Si je suis sincère, j'ai le droit de revenir et de dire : « Je me suis trompé, on va faire autrement ».

J'ai les organisations syndicales que je mérite

> Sylvain Puissant soupire : « Chez nous, les organisations syndicales bloquent tout ! Elles sont toutes-puissantes, et on ne peut rien faire sans elles, elles contrôlent tout, il faut tout leur dire, et elles sont systématiquement les premières à communiquer... »

D'ailleurs la DRH du groupe est un peu complice. Quand on y regarde bien, elle tient son propre pouvoir de la relation qu'elle entretient avec les partenaires sociaux. Là, une fois de plus, j'ai le choix : soit je fais alliance avec la base, moi-même, directement. Je vais sur le terrain évaluer moi-même la réalité (*cf.* Clé 1), je vais veiller à ce que toute évolution d'ampleur ait un « sens » au vu de cette réalité (*cf.* Clé 2), etc. ; soit je renonce et accepte de faire passer toute évolution de l'entreprise par la relation entre organisations syndicales et DRH.

Redonner le pouvoir aux hiérarchies

Si je suis cohérent dans la confiance que j'accorde, je dois m'appuyer sur les lignes managériales. Pas une évolution, pas une décision de mise en œuvre ne doit se faire sans elles. Nous avons vu (Clé 3) qu'elles devaient être rassurées en permanence. L'encadrement intermédiaire est votre relais malgré lui. Il n'est pas enclin au changement, mais il va le piloter. Vous vous appuyez sur le terrain opérationnel pour le définir, mais vous passez impérativement par la ligne hiérarchique pour le déployer.

Le projet est conçu comme un accélérateur des progrès de l'entreprise. La conception est confiée à la structure projet, mais la mise en œuvre reste de la responsabilité de la structure pérenne, donc des hiérarchies… à qui vous allez expliquer, préciser, avec qui vous allez débattre sur leur rôle et ce que vous attendez vraiment d'elles.

Pour être cohérent dans la confiance que vous leur faites, vous allez veiller à ce que toute communication passe par la ligne hiérarchique et managériale ; c'est-à-dire que :

❖ vous n'allez pas la court-circuiter vous-même. La ligne hiérarchique sera informée avant les collaborateurs. Même si vous communiquez *in fine* à l'ensemble des équipes en direct, vous vous arrangerez pour que les managers aient une longueur d'avance. Au moins pour que, une fois rentrés chez eux, ils sachent discuter avec leurs collaborateurs autrement qu'en disant « Je ne suis pas plus au courant que toi » ;

❖ vous n'allez pas non plus laisser les organisations syndicales communiquer avant les managers.

> « Là, on a vraiment préparé l'opération. Les syndicats ont bien communiqué, et les managers ont pris le relais », dit Dédé Errache très fier de lui.

Assurément tout le monde est au courant du plan social en préparation. C'est mieux que rien. Mais… pourquoi avoir laissé les syndicats communiquer les premiers – et exprimer leur propre interprétation avant même que la direction ait pu présenter les finalités au plus grand nombre ?

Bien souvent, la relation DRH-organisations syndicales a supprimé le pouvoir de la ligne hiérarchique. Est-ce bien cohérent ? Tout se passe comme si on cherchait à vendre aux organisations syndicales, tandis que vous voulez vendre à l'ensemble des collaborateurs – c'est-à-dire à chacun. Les organisations syndicales ne sont pas là pour acheter, et si elles finissent par acheter, elles ne « vendront » pas non plus aux opérationnels…

La vision, puis le projet, puis les actions, puis le rebouclage des actions, passent par la ligne hiérarchique, soutenus et orchestrés par vous-même en liaison permanente avec les collaborateurs (selon le schéma de la pyramide inversée, *cf.* Clé 3). Vous aurez donc intérêt à informer les organisations syndicales – si vous le devez – juste avant la communication aux équipes, pour qu'elles n'aient pas le temps de prendre le monopole sur l'annonce.

Le « billard à 3 bandes » : pour une cohérence entre vente, exigence et confiance

Nous avons passé en revue chacun des trois types de cohérence à incarner. Nous ajoutons ici une manière concrète de procéder, dont certains dirigeants usent avec brio... pour gagner davantage en efficacité.

Le délai constitue l'une des contraintes majeures de la mise en œuvre. Comment « tout faire » ? Comment, en même temps, surveiller les compteurs et identifier les actions correctrices, engager les grands sujets managériaux – fusions ou acquisitions, plans de productivité majeurs, voire de redressement, délocalisation ou externalisation – et... faire progresser les collaborateurs, les aider à se développer, leur donner envie de créer et d'innover ? Comment, quand en même temps la boîte mail déborde sans cesse, quand chaque jour le projet menace de dériver, quand la chaîne est en panne, quand les clients rouspètent, quand la qualité n'est pas au rendez-vous, quand, en plus, on a le contrôleur de gestion ou un audit sur le dos ?

L'expérience montre qu'on peut faire beaucoup en même temps, à condition de construire son mode d'action dans ce but, comme nous le proposons ici. Nous le disions en ouverture de cette troisième partie, vous devez convaincre 90 % des collaborateurs, leur vendre et leur faire acheter l'évolution. C'est vrai, mais en même temps vous disposez d'un gisement énorme, inaccessible au vendeur : les équipes crient leurs besoins infiniment mieux que des clients « normaux ». Les collaborateurs savent ce qu'il leur faut pour travailler mieux. Certaines frustrations sont des paresses et doivent certainement être écartées (ce qu'ils comprennent très bien). D'autres sont des pépites d'or, parce que leurs soucis rejoignent la performance de l'entreprise. Si je sais les écouter (Clé 1, puis Clés 6 et 7), je saurai quoi traiter, et surtout comment. Et si je travaille pour libérer les énergies, pour sortir des frustrations, pour abaisser les contraintes... les collaborateurs suivront et prendront en charge. Ce qui me permettra de faire beaucoup plus que si j'étais parti seul.

Concrètement, il s'agit de repérer les leviers qui vont avoir le plus d'impact, qui vont permettre de mettre en mouvement le plus de paramètres ; la quille centrale qui va bousculer toutes les autres ; le domino japonais qui va entraîner tous les suivants, jusque très loin, par une simple pichenette ; la balle de Lucky Luke qui désarme un bandit, ricoche et en atteint un autre, puis brise une branche qui assomme les deux autres.

Tel est le principe du « billard à 3 bandes » managérial. À trois bandes, parce que nous visons à la fois le progrès des personnes, le traitement des problèmes et l'amélioration des systèmes. Dans cet ordre.

Partir d'un sujet humain

Tout est parti d'un point dur très localisé. Un de ces incidents « normaux » qui émaillent la vie de toute entreprise. Un membre de la DRH centrale, en faisant le tour des régions, découvre trois effectifs de trop par rapport au budget dans la région Ouest, tandis que la région Centre en a trois de moins. On connaît les gaillards du siège : ils ont leurs normes et leurs dogmes et n'y dérogent pas. Le patron de la région Ouest, à qui la DRH veut enlever trois effectifs, se fâche et remonte à Garcin-Louis Lejuste, le directeur général. Celui de la région Centre, évidemment, veut récupérer ses trois effectifs et rouspète « de manière préventive ». Quelle décision va prendre Lejuste ?

Aucune, pour commencer. Surtout aucune. Il va trouver son responsable de la distribution, qui lui explique : quand on a défini les nombres d'effectifs, on s'est fondé sur la définition du métier que l'on avait à ce moment. Or, en un an, les métiers ont évolué. Les effectifs sont corrects, mais il faut modifier le réseau de distribution. Lejuste vient d'être nommé, il a bien d'autres chats à fouetter que de révolutionner son système de distribution. Mais quand il voit un patron de région réellement en souffrance, il décide d'engager l'action.

La première caractéristique du billard à 3 bandes, c'est qu'il commence par un sujet humain. Bien entendu, le sujet qui remontera, celui dont on parlera, sera technique, organisationnel, managérial, il touchera à l'efficacité, à la croissance, à la productivité. Mais le seul « vrai » sujet, celui du démarrage, est humain. Pour une raison simple : si quelqu'un souffre, s'il est frustré, il est prêt à avancer et à entraîner avec lui le reste de la structure. Vous gagnez sur deux plans, en même temps vous résolvez un sujet technique et vous transformez l'énergie d'un « ras-le-bol » en une motivation d'action.

Mettre en tension et repérer les soutiens

« On les connaît, les gens du siège », marmonne l'un des patrons de région. Garcin-Louis Lejuste, soucieux des équilibres, reprend la balle au bond : « Le sujet des effectifs n'est pas le sujet de la DRH, ni celui du contrôle de gestion, encore moins celui du siège : c'est le vôtre, et je vous demande de le prendre à bras-le-corps. Le siège est là pour vous aider, et rien d'autre. J'attends de vous un plan d'évolution concret, avec les découpages d'agences et les effectifs, pour le mois prochain. »

On reconnaît la « pyramide inversée » (Clé 3). Mais la déclarer comme principe ne suffit jamais. Une direction fonctionnelle est comme un arbitre de sport. Elle tient son pouvoir « naturel » de la capacité qu'elle a à siffler les mouvements sur le terrain et à bloquer le jeu. Or, le meilleur arbitre est celui qui sait laisser jouer, et dont on a assez peur pour ne pas même tenter le hors-jeu. Pour que la direction fonctionnelle joue son rôle de soutien, il faut une fois de plus la mettre en situation de construire et de proposer pour lui montrer qu'elle peut faire beaucoup mieux que nuire.

Le billard à 3 bandes se joue d'abord par la responsabilisation d'autrui. Le sujet va être porté par ceux qu'il impacte directement, et les experts sont mis en situation d'apporter un véritable soutien. Cela n'est pas si fréquent.

« Donner la liberté aux peuples… même s'ils n'en veulent pas »

Silence dans l'assemblée. On sait se plaindre, beaucoup moins proposer et saisir les chances. Le directeur du contrôle de gestion détache un expert qui fait des navettes d'une région à l'autre. Une fois le principe d'action accepté par tous, tous les patrons de région contribuent. En deux semaines, le plan d'évolution est prêt, les agences sont retaillées, les effectifs ajustés.

En fait on a largement dépassé les « 3 bandes » du billard :

❖ l'énergie mise dans la frustration initiale s'est transformée en énergie motrice. Les personnes en sortent grandies, la « justice » ne se fait pas au profit de l'un et au détriment de l'autre ;

❖ la solution procure une meilleure performance globale pour la direction, sans effectif supplémentaire ;

❖ elle a été conçue par les patrons de régions, qui la porteront jusqu'au bout sur le terrain ;

❖ elle permet de rationaliser le nombre de points de vente et de les confier aux meilleurs responsables. Chacun d'eux aura un point de vente plus gros, où il pourra réellement « manager », encadrer ses troupes, veiller à leur professionnalisme et coacher leur progrès ;

❖ l'ensemble des expertises du siège est à l'écoute, en soutien, force de proposition pour l'action. Les experts de la DRH, qui connaissent les parcours des responsables de points de vente, leur construisent des évolutions personnalisées. La communication rythme les annonces aux différentes strates. La distribution prépare l'accompagnement sur le terrain et la redistribution des clients. Etc.

Faire porter jusqu'au bout par ceux qui feront

D'humain au départ, le sujet est devenu un sujet global, conceptuel, technique. Lejuste pourrait le reprendre à son compte et officialiser la solution élaborée par ses équipes. Il n'en fait rien.

Il demande au patron de la région Centre de venir présenter les évolutions proposées en comité de direction. Lui, le lésé, lui qui aurait dû avoir trois effectifs de plus, sera celui qui emportera la décision finale.

Au patron de la région Ouest, il demande de venir présenter les évolutions en comité d'entreprise avec le directeur du contrôle de gestion. Lui, le plus concerné, va expérimenter son rôle de patron en vraie grandeur, il représente toute l'entreprise dans la résolution du problème qu'il a lui-même amené. Il fait l'expérience des contraintes réglementaires, de la tactique, de la communication, des ressources humaines à un niveau supérieur. Le directeur du contrôle de gestion démontre, supporte, étaye. Le patron régional pose le sujet, explique, rassure, avec les mots des représentants du personnel qu'il connaît bien – pour les entendre tous les jours.

Bref, tout le monde a grandi. La contrainte – comme toute contrainte – est devenue une magnifique opportunité pour tout le monde, et pour l'entreprise tout entière.

Le « billard à 3 bandes » permet d'engager plusieurs actions en parallèle, « sans douleur » pour ceux qui prennent en charge, puisque le travail à réaliser les soulage en même temps. Il a également le mérite de mettre en cohérence l'action de transformation en cours :

❖ avec la vente, puisque l'action part des besoins des collaborateurs ;

❖ avec l'exigence, puisque les collaborateurs vont devoir trouver les solutions eux-mêmes, avec l'impérieuse nécessité de savoir les mettre en œuvre ;

❖ avec la confiance, bien entendu, puisqu'il s'agit de les accoucher à la fois d'un diagnostic partagé et d'un mode de travail nouveau, et qu'on leur laisse porter la solution à la fois au sommet de l'entreprise (ce qui est un signe de reconnaissance), et à la base opérationnelle qu'ils dirigent.

Conclusion

La présentation des vœux au personnel de la région Nord devait ressembler à toutes les autres. Le comité de direction avait prévu de présenter les résultats commerciaux et financiers, de remercier les équipes et de donner les objectifs de l'année à venir. Ce soir-là rien n'est allé comme prévu. Le directeur régional est monté sur scène et ne l'a plus quittée.

Depuis trois mois, son équipe et lui ont pris l'initiative d'animer une visite systématique des clients et des concurrents. Ils ont étudié les besoins des uns, détecté les pratiques des autres. Le soir, après les heures légales, ils sont restés pour échanger leurs remontées, leurs hypothèses, leurs pistes de progrès. Ils ont sollicité la direction de la communication centrale pour filmer leurs débats internes. Ce soir, ils projettent le film.

Après la projection, le directeur de région a demandé à une dizaine d'opérationnels de venir témoigner. Ils sont repartis de la stratégie de l'entreprise. Ils ont révélé les faiblesses, montré les forces, donné les plans d'actions. Sous forme d'engagements qu'ils prenaient, eux, personnellement ; et d'actions déjà conduites ; certaines même, surprise : prises sur les temps individuels, en dehors des heures légales. Ce soir-là, le comité de direction a compris que les 25 % de croissance de la région cette année ne devaient rien au hasard…

À l'issue de ce parcours :

❖ Vous avez construit une « cathédrale », leur « cathédrale », dans laquelle ils se reconnaissent et s'investissent, souvent corps et âme. Ils en sont fiers, ils y seront fidèles. Vous avez atteint vos objectifs chiffrés – sans doute bien au-delà des « 5 % de plus » pour lesquels les entreprises se battent chaque année avec acharnement.

❖ La mise en œuvre s'est passée sans heurt, de manière quasi indolore pour les équipes, qui n'y ont pas vu – pour une fois – le sempiternel « truc venu d'en haut à faire en plus ».

❖ Des initiatives se prennent un peu partout dans le sens de votre vision initiale, comme après la pluie fleurit le désert – beaucoup plus que si vous l'aviez arrosé vous-même. Une personne motivée et correctement valorisée, c'est 50 à 100 % d'énergie en plus.

❖ La pyramide s'est inversée – les opérationnels savent demander le soutien des directions fonctionnelles du siège, et celles-ci acceptent de le leur donner sans en référer d'abord aux patrons.

❖ Vous avez permis à des personnes de progresser dans leur métier, de prendre des enjeux accrus et une nouvelle ampleur personnelle. Ils ont appris l'art du management – le vrai, celui qui ne doit rien au statut ou au pouvoir, mais à l'autorité qu'ils ont développée sur les sujets qu'ils portent.

❖ Les représentants du personnel sont désormais de véritables « partenaires » sociaux. Les lignes hiérarchiques démultiplient les décisions, vous écoutez les représentants du personnel et dialoguez avec eux.

À présent vous êtes armé pour aller plus loin, mieux. Vous, mais aussi chacun de vos collaborateurs.

Ces méthodes de mise en œuvre et de transformation ont été éprouvées dans des entreprises de toute sorte, dans des PME et dans des grosses multinationales, dans l'industrie et dans les services, dans le secteur public et dans le secteur privé.

Les grèves à répétition, les changements qui ne se font pas, les mises en œuvre qui tardent sont autant de signes qu'elles sont encore loin d'être appliquées.

Vous qui avez fait cette expérience, vous ne fonctionnerez plus jamais autrement. Vos collaborateurs non plus.

Quand vous aurez terminé votre mise en œuvre, s'il vous plaît, prenez ce livre et allez expliquer à d'autres comment vous avez réussi : il y a tellement à faire…

www.ingramcontent.com/pod-product-compliance
Lightning Source LLC
Chambersburg PA
CBHW061311220326
41599CB00026B/4833